致力于中国人的教育改革与文化重建

立 品 图 书·自觉·觉他
www.tobebooks.net
出 品

太极拳心法释要

# 太极真精神

任刚 著

华夏出版社
HUAXIA PUBLISHING HOUSE

**图书在版编目（CIP）数据**

太极真精神：太极拳心法释要 / 任刚著. —北京：华夏出版社有限公司, 2019.11
ISBN 978-7-5080-9680-3

Ⅰ. ①太… Ⅱ. ①任… Ⅲ. ①太极拳－研究 Ⅳ. ①G852.11

中国版本图书馆CIP数据核字（2019）第238354号

华 夏 出 版 社 有 限 公 司 出 版 发 行
（北京东直门外香河园北里4号　邮编：100028）
新 华 书 店 经 销
北京华创印务有限公司

\*

710×980　1/16开本　　12.25印张　　138千字
2019年11月北京第1版　　2019年11月北京第1次印刷
ISBN 978-7-5080-9680-3
定价48.00元

本版图书凡印刷装订错误可及时向我社发行部调换

任刚先生，上海杨氏太极传承者

**乐奂之**

　　字幻智。曾在浙江大学教授英文,后定居上海,在震旦大学教授国文。荣德生先生创办"江南大学"时,乐先生为创始人之一,任常务副校长。太极拳师承董英杰,与中外各门派切磋武艺。又深入佛法,为儒、释、道通家。被"民国"时期的《铁报》誉为"海上一奇人"。

**董世祚**

  自幼随外祖父（清禁卫军教习）练习罗家家传武艺。青年时已练成浑身不怕打、出手见红的功夫。后随董英杰习太极拳，董英杰离沪后随师兄奂之习拳。一生痴迷武艺。性格低调，勤奋好学，采众家之长，成一代宗师。

**董斌**

又名董光军。自幼喜爱武艺。近三十岁始随董世祚先生练太极拳，后又师从乐奂之先生深造。由于天赋聪慧，深得两位老师喜爱。以懂劲而闻名。

**姚宗勋**

　　自幼随武林奇人邓义习少林武功，铁砂掌及拳脚功夫惊人。三十五岁遇董世祚先生而折服，弃少林而习太极，后又随乐奂之先生习拳。痴迷武学，常每日练拳三十遍。

## 董斌老师在上海传承脉络

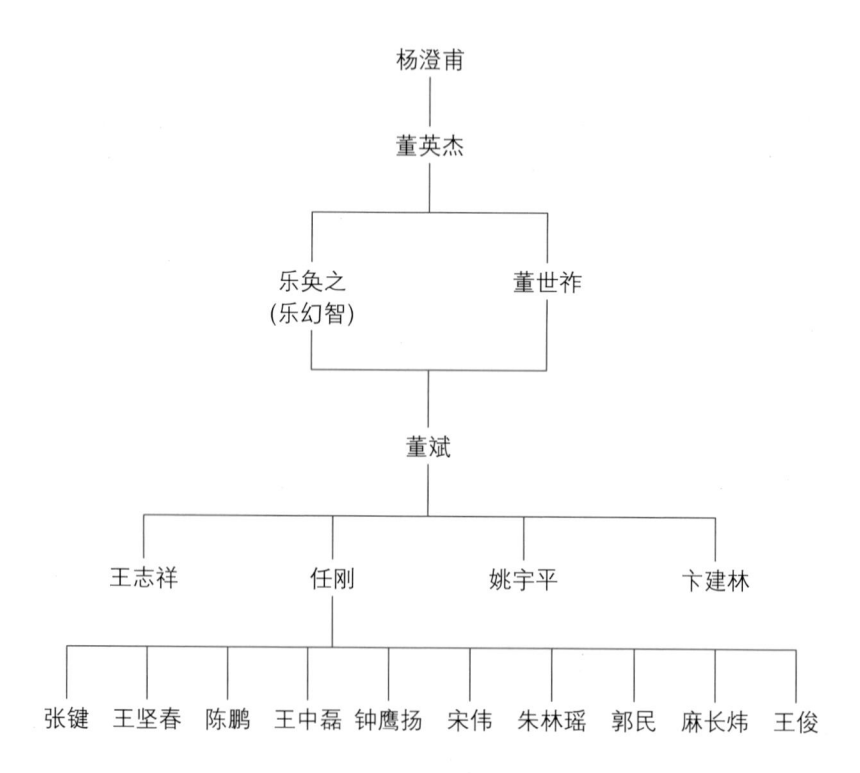

```
                    杨澄甫
                      |
                    董英杰
                      |
          ┌───────────┴───────────┐
        乐奂之                   董世祚
       (乐幻智)
          └───────────┬───────────┘
                    董斌
                      |
        ┌─────────┬───┴────┬─────────┐
      王志祥      任刚     姚宇平     卞建林
                  |
  ┌────┬────┬────┬────┼────┬────┬────┬────┬────┐
 张健 王坚春 陈鹏 王中磊 钟鹰扬 宋伟 朱林瑶 郭民 麻长炜 王俊
```

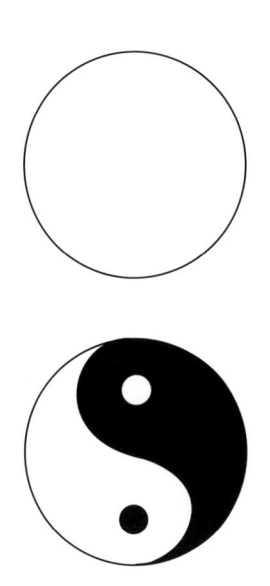

# 序一
## 拳法精妙、心怀远大的太极龙象

蔡松芳

我与任刚初识是在 1987 年，岁月荏苒，一晃也有将近三十年的光景了。当时他还是个初学拳的后生，与一班年轻人一起在襄阳公园跟着他的邻居郭大栋老师学习太极拳和推手。任刚学拳有一个特点，就是认真，不论是学拳架还是练推手，都有一股子钻研的劲头，对于老师教授的东西他不但能很快地知其然，而且还要想方设法从实践中求其所以然。我不肯定他是不是早年那批学拳的人里面最聪明的一个，但是可以肯定他确实是当时那些年轻的太极拳学习者中最具韧劲和最痴迷的一个。

任刚有幸遇到了他的授业恩师——杨氏太极一代名家董斌先生。董先生对任刚可谓毫无保留，将其一生对太极拳的实践经验与内心体悟倾囊相授。而任刚也是全身心地沉浸在对太极拳真实奥义的寻求之中，他善于思考、长于研究，经常将拳经、拳论里的要点与老师讨论，并在实践中摸索，在那几年里他对拳经、拳论的理解可谓已登堂入奥，他的太极功夫更是可以毫不夸张地用"突飞猛进"来形容。

也许真是上天不负有心人，在董老师的悉心教授和任刚自己的不懈努力之下，经过十多个寒暑的磨炼与探求，2005年前后，任刚的功夫已经与我相当。到了近几年，任刚更是悟出了太极拳中精微、奥妙的道理，他的推手和实战功夫已远在我之上，到达了出神入化的境界。纵观当世武林，真正懂得太极拳奥妙的"真太极"自然已是凤毛麟角，而任刚又实在可以称得上是个中翘楚、太极龙象！

任刚不但拳好，还有一颗"大心"。他深知学拳不易，故而发愿对任何真心前来向他学拳的人都毫无保留地传授拳理和他对太极拳的全部体悟。他更毫无门户之见，不论是内家还是外家、中国功夫还是外国技击，只要是抱着以交流武艺、研讨武道为目的的切磋，他来者皆应，而切磋者也大多是满怀期望而来、心悦诚服而去。对于太极拳的传承任刚更是勇于荷担这个重任，多年来他一直在培养年轻一辈的太极拳传人方面倾注了极大的热情与精力。他深知"法因人兴"的道理，曾立下宏愿，希望未来能培养出十位得其精髓的传人，为真正太极功夫的弘传打下人才储备的基础。

作为他的前辈，亲见其多年来在培养后辈人才和弘扬太极拳方面所做的努力，这一点着实相当不易。我为太极拳界和中华武林能有这样一位能将中国传统文化予以完整保留和发扬，既能对拳经、拳论有精深理解又能完全指导实践的年富力强的太极拳家感到无比高兴！我借此祝愿任刚能在对太极拳奥义的探求中取得更深广、更精妙的体悟，更祝愿他对弘扬太极拳的诸多宏愿早日实现！

二〇一三年六月于沪寓

蔡松芳先生乃著名内家拳家、太极拳家，师承一代内家拳大师叶大密先生，得其太极十三式中掤、捋、挤、按四式真传。蔡先生毕生所习最精微者乃杨家太极所传之武当正宗无极功法，虽仅得十三式中四式真传，然其功夫绵密精深，推手更是出神入化。其推手中之凌空劲，更为海内外行家惊为神技！

蔡先生在东南亚及美国等地武术界颇具影响，20世纪80、90年代曾数度应邀前往美国交流及教授拳术。曾在旧金山与当地武林名家切磋，多数沾手即放，引起当地轰动及媒体追捧。

# 序二
## 太极拳最优秀的后起之秀

何基洪

太极拳是我们中华民族优秀传统文化中的重要组成部分，是中华武术的一枝奇葩，它高深的哲理、高超的技击艺术以及怡情养性的健身效果，毫无疑问已为全世界中华武术爱好者所认同。

传统武术中的太极拳虽然只是一种拳术，但那些对太极哲理已有所了解、已迈进太极殿堂的太极拳爱好者来说，不管他们在练习太极拳的路上已经走了多久、多远，相信大家都不会否认，太极拳是有别于其他运动项目的。这种区别，不仅仅在于太极拳是一种可以活到老学到老练到老的运动方式，还在于它是一项必须德艺双修才有望接近成功的运动技艺。

在长期的历史发展中，许多太极拳名家著书立说，留下了不少宝贵的经验和良好的锻炼方法，并由此创立了许多流派，但是出于种种原因，传统武术界一直有程度不同的门户之见、保守之风，各派拳论秘诀，代代传抄从不外传。而所有流派门派，几乎无一例外会对入门者进行人品方面的考察，提倡习武先修德，德成艺乃立；也几乎无一例外将重师承、讲武德定为门规，以期培育出德艺兼备的传人。

与任刚相识，那是20世纪90年代初的事，他是由蔡松芳先生介绍到我这里来练习推手。年轻、带有书生气的他，谦虚好学，非常认真，是董斌先生的学生。我们知道杨式太极拳在上海有两个流派，一个是以乐奂之为代表的董派，一个以叶大密为代表的叶派。董斌是乐奂之一脉的传人，是一个有修为的太极拳家，深得乐奂之、董世祚的真传。乐奂之是一位带有传奇色彩的太极拳家，其功夫之高超为当代武术界所共识。

今天任刚出书，毫无保留地把杨式董派秘传公之于众。由于练法不同，借我作序之际，先做一简单介绍。首先是"挺腰"之说。这个方法与"凸命门"之法正好相反，难以被人们所接受。因为，我们以前都练凸命门，认为不凸命门，是拳没打好。这个问题我深有体会，在我八十岁那年，我接受了挺腰之说，并照此方法练了十个月，我感到自己的水平提高了一个层次，连任刚本人也觉得惊奇，一个耄耋老人，在短短的十个月中居然也能掌握。当练成三寸嫩芽，就会觉得腰真正成为身体的第一主宰，全身的意气全被调动起来。由此，使我联想起郝少如在书中提到的"闪战、腾挪"

的作用。今天，在任刚的著作中看到许多的新论点和新的技击方法，公开了杨式太极拳中鲜为人知的秘诀，甚为可喜。

任刚学拳数十年来，敬重师门、尊敬师长、善待同道、恪守武德的品行，为武术界同好所共睹。他不但有良好的太极拳技击技术，而且在太极拳理论上也有较全面的认识，是我近五十年遇到的最出色的后起之秀。他现任上海雍荷堂文化传播有限公司董事长，虽业务纂繁，犹于工作之余，著书立说，为我中华武术做出贡献。余虽耄耋，犹乐而为其作序。

二〇一三年五月三十一日

何基洪先生在1933—1960年期间随叶大密先生的学生丁然清先生学习杨式叶氏太极拳，同时又随吴式名家裴祖英先生学习太极拳推手。1966年经好友的介绍，随其同事的父亲徐炳生先生学习田兆麟杨式大架及推手。徐老先生当时年近八旬，以前曾任英国壳牌石油公司中国总裁，早年请田兆麟先生至家中教拳，由于学习优良，曾被田老师誉为田门五虎将之一。徐老同时又擅长内家气功，因此，在太极拳的意气运用上，有独特的心得。徐老生平从未收过徒弟，也不在公开场合教拳，何先生有缘受他十余年无私指导，实为学习太极拳一生中重要的转折点。1973年何先生又有幸认识叶大密先生的另一位高足金仁霖先生，金先生是一位研究太极拳理论的名家，可以说满腹经纶，他对叶氏太极拳的内容有较全面的认识，经过他的指导，何先生在太极拳理论上得到进一步理解。

何先生在平生的太极拳经历中，交好的拳友是王壮弘先生和徐毓岐师兄，经常和他们练习推手，切磋拳艺。二人都是当代的后起之秀，得益匪浅。

从20世纪70年代中期至今，何先生一直在上海襄阳公园义务教授太极拳，为人性格开朗，处世平和，从不与人争高低。

20世纪80年代初何先生将杨式叶氏太极拳传到了浙江嘉兴，并由其学生蔡光复发扬光大，至今广为流行。蔡光复现任浙江省武术专家组副组长、嘉兴市武术协会主席，国家武术七段。其师生间的情谊传为佳话。

其拳术论文有《太极拳和太极推手刍议》《太极拳推手训练纲要》《再论行工走架的体会》《论太极拳走架中的自转和公转》《论命意源头在腰隙》《怎样练习武当叶氏太极拳》等。

其太极拳架的特点是轻灵安静，外形秀丽端庄，内气宏伟，推手时以神气为主导骨肉为辅助。主张不耻下问，学无止境，不论年龄大小、辈分高低，只要有特长，均可去讨教。

## 序三
### 合道之拳意

霍震寰

我从小喜爱并学习武术，经过多年接触，认识到其内涵超乎手舞足动及招式的高低，而是在高水平时能发挥个人的潜在本能，获得超乎常人的功能。

因而近年甚有兴趣研究探讨武术高水平修炼的一些超乎常人的成果，早年阅读武术宗师孙禄堂先生著作有谓"拳与道合"，听过及看过有可以身体未接触而把人发出的凌空劲，传说中能达到不见不闻之境，即使敌人在背后来袭亦自动一触即发。似乎修炼达到高水平，人体能开发一些常人没有的功能。这一直是我追求了解的一个课题。

我与任刚先生相识时间不算太长，是近年得到蔡松芳老师的极力推荐，才与他认识的。蔡老师本身是太极拳无极桩高手，多年前已经能利用意气而发人于无形。自20世纪80年代以来一直悉心指导我，令我得益匪浅。虽然他已经有很高的拳术修为，但依然虚心，好学不倦，认定任刚先生是青出于蓝、掌握太极拳真正原理的高深学问之士。

任先生系出名门，乃乐奂之大师再传高弟，通过多年的深入钻研，掌握拳术的高深道理。我们因为生活于不同地方，只有几次短暂的接触，但通过先生有系统地讲解和示范，使我体会到太极拳的高层次道理，先生的功夫已从后天转为先天，讲究先天气而超乎后天气的练习，要求达到天人合一，直指以拳入道的途径。难得任先生不吝把自己的宝贵心得公开，此书对所有拳术深造者一定有所启发，为提升中华武术起了重要的作用，因而乐意推荐此书予所有同好。

二〇一四年三月十三日

霍震寰先生是一位武术爱好者，多年来参与中华武术在国际上的推广发展，不遗余力，是现届香港武术联会会长、亚洲武术联合会主席、国际武术联合会执行委员会委员。

霍先生青少年时开始接触武术，在英国读书时学习日本柔道及合气道，大学期间转学杨式太极拳，稍后改为专注意拳，从而开始了数十年对内家拳的探索。

霍先生多年受益于不少明师，包括太极拳师杨守中、蔡松芳、冯志强等。先后跟随韩星桓、姚宗勋、韩樵、韩嗣煌、杨绍庚等第二代拳师学习意拳，他曾获得众多同好的提点。

虽然霍先生经常忙于事业，但已把拳术作为生活的一部分，数十年坚持练习不断。

## 序四

### 至理无言　圣心无碍

于鸿坤

禅宗以心传心，任刚先生的太极拳也是如此。禅宗所谓教外别传，直指人心。任刚先生的太极拳身动象外，纯以神合，无我无敌。

身动象外，自身通达无碍，不住于身；以神相合，与对方之气为一而运之，故无敌耳。

无敌功夫之立意是不对待，不对待即不对抗，两人是合太极状，自身通透之气与对方之气为一，由是感知，即所谓"人不知我，我独知人，英雄所向无敌，盖皆由此而及也"。

中国拳法种类繁多，各有其妙，以人的根器不同，入手的法门亦有所不同，有从形入的，有从劲入的，有从气入的，有从意入的，各有其法。然而这些本质上都是练的层面，而且易囿于自身练的感受之中，不是果地教。

任刚先生的太极拳一举一动，都在感知人我的神气当中，使对手之动作、劲道等无处可落，尽显太极拳"一羽不能加，蝇虫不能落"之妙用。

任刚先生谦谦君子，品格高古，慈悲心肠，非只是太极拳一道也。任刚兄今示太极内家绝学至深法理，其论成书，诚学者之福，我也受益良多。

癸巳初冬

于鸿坤先生自幼随父习练擒摔拳术及长拳，拜在著名武术家路文瑞先生门下习练南极派白猿通臂拳法。在学习研练的同时，又拜著名武术家马贤达教授为师，学习"通背武艺"，即以"通备劲"贯穿的八极拳门六大开法、八大招法，劈挂拳门十二大趟子、十二打手、八闪翻、戳脚、九字螳螂手等拳术的技击实践技艺。后又有幸为当代著名大成拳家、拳学大师王选杰先生垂爱，承其衣钵，并得王选杰先生亲书"大成拳断手第一"。后又随大成拳大师常志朗先生深造，通晓武术原理与技击，尤精器械格斗。

著作有《大成拳学真谛》（1997年），《大成拳》一、二、三卷（2001年），《大成拳学》《大成传习录》《立禅法要》等。

# 自序
## 我的太极因缘

其实，我打小是那种俗称"药罐子"的体质，自从有记忆开始，去医院看病就是很经常的事情。要是能连着两周不去医院，家人就会像碰到什么好事一样高兴。为此，父母长辈都非常操心，总想着找个什么法子能养好我的身体，让我平安顺利地长大。

所幸身体孱弱的我非常喜欢武术，对于传说中的那些侠士高人心存仰慕，对逍遥任侠的江湖世界更是心向往之。也许是得上天好生之德的眷顾或是我自己的福德因缘，让我这个孱弱却又好武的孩子竟有幸与武术大师、原中央国术馆少林门门长王子平先生之女王菊蓉老师为邻。大约到了七八岁时，我就开始跟在大人后面学习踢腿冲拳了。尽管我练功比同龄孩子更为坚持，但由于体格过于孱弱的缘故，虽然体质比习武之前有了较大的改善，但武功上始终难以取得很大的成就，这也不免让年少的我对原先意识里那既高深又神奇的中华武术产生了些许的迷茫。不过身体上的变化还是让我这个曾经弱不禁风的少年从此抱定了一生习武的决心。

在我上高中的时候，一个偶然的机会，在复兴公园遇到了一位让我彻底改变对拳术的认知的小个子老人——我的太极拳恩师董斌先生。董老师的神乎其技让我痴迷，第一次看到老师演示的内家拳之妙时，我竟有种恍如隔世的感觉，既亲切又神秘——这不就是那个孱弱少年仰慕已久却又始终未能得见的高人侠士之旷世神功吗？

自此以后，每周日去看老师练拳变成了我生活里的头等大事。然而，好事往往多磨，一番周遭曲折之后，直到1987年我才正式拜入董斌老师门下，也由此开启了我追寻太极真谛的旅程……

恩师董斌先生的太极功夫得自乐奂之先生和董世祚先生两位太老师的真传。乐奂之先生和董世祚先生皆是名震一时的太极大家，不论是拳架、推手还是实战功夫都称得上是百年难得一见的武学圣手。尤其是乐奂之太老师不但武学造诣极高，而且身为震旦大学国文教授的他学问也是高绝精深，不仅如此，他还是深具名望的佛学大师，是一位能将儒释道三家融会贯通的"大通家"。做个"儒释道"皆精的通家已属世所稀有、人中翘楚了，更为可贵的是乐太老师还能将内家功夫及太极拳理用其精髓与中国文化以及佛学的精义相互融合、相互发挥，在前人的基础上运用儒家和佛家的智慧，发展和提升了内家功夫和太极拳的内涵，使太极拳术上升到了一个全新的境界。当年京沪政商两界的名流士绅皆以能与乐太老师一见为荣事，其功夫与名望之高由此可见一斑。而太老师身后更留下了许多关于他太极功夫如何神乎其技的故事，至今还为诸多武林同道津津乐道。

也许是上天的再次眷顾，董斌恩师作为尽得两位太老师真传的一代太极大家对我这"弱质"徒儿可谓毫无保留，将其毕生领悟到的太极的真谛倾囊相授。在恩师的悉心指导，以及郭大栋等众位师叔的关心之下，我很快就深入太极拳法的堂奥，得以全身心地体悟其中的妙趣。在悟入之后渐能得心应手，运化随形，时时刻刻、事事处处可受益于太极精髓之妙。在几十年习练和体悟太极拳法奥义的过程中，我深深感受到中国文化之妙绝非口说耳传所能尽达，而确确实实需要习练者在不懈的实践之中以中华文化各家之精髓不断提升个人的修养，再返之于实践。在如是循环之中行思互益，一朝妙悟，便得神形具足，运化随心。而这些想法也在和许多老前辈及武术高手交流之中得到了各家的认同。

太极拳法乃阴阳和合之大道，用之于搏击是为"神技"，用之于养生则可大利于民众身心健康，更是用于实践中国文化的大好手段！反观今日社会，太极之术离其核心却愈行愈远，或徒有其名而不得其形，或徒留其形而全然不和心法，流弊之广又何止千里，我辈太极学人视之莫不疾首痛心，亦深恐有负历代拳家之智慧与苦心。某虽不才，自感远未通于太极拳术之全部精髓，但在众多前辈和好友鼓励之下，思量再三，不敢独觉，特将我多年学习太极之经验、师门传承之核心悉数奉献。希望同好者读之以为借鉴，以期为其能登堂入奥之助缘，也借此圆我当日佛前所立"得斯技后，若有人真心欲明此理，吾将倾囊相告，毫无保留"之誓愿矣！

# 目录

## 文化篇 / 1

从太极拳去实践中国文化 / 3

把文化事业当儿子还是当猪的感触 / 7

太极拳和琴棋书画 / 11

太极拳最后的秘密：体用虚空 / 13

## 习练篇 / 17

练好太极拳先要了解的几件事 / 19

## 拳论篇 / 25

《王宗岳太极拳论》释要 / 27

猫鼠的故事 / 49

## 释疑篇 / 81

太极拳网络问答录 / 83

## 附　录 / 133

（一）太极拳与钢琴 / 135

（二）记当今太极拳界之正法眼 / 149

（三）太极拳的光明大道 / 153

（四）拜师贴 / 157

（五）对中国传统武术的一些反思 / 161

文化篇

## 从太极拳去实践中国文化

多数朋友练习太极拳是有两种原因：一者，想要圆自己的武侠梦，希望通过太极拳的练习成为一个武林高手。年轻一辈学太极之人常有这样的梦想；二者，人到中年事业有成之后，发现自己为了事业付出了太多，长期的辛劳让自己的健康付出了很大代价，于是想要养生了，太极拳当然地成为一个很好的选择。但还有一个练习太极拳的理由被大家忽视了，而它恰是太极拳的灵魂。那就是用太极拳来实践中国文化。缺了这个，太极拳只是一个个动作的组合，不见得好于其他形式的体育运动。

为什么我们可以用太极拳去实践中国文化呢？因为中国文化是一种功夫，不是知识。现在很多人都在学习国学，如学佛学道，看了佛经、《道德经》《论语》《大学》，等等，但能学以致用、改变行为和气质的实为少数。这并非圣贤之言无用，而是我们很多人错把圣贤的功夫当知识来对待，其结果只能是成为饭后的闲语，谈不上修身养性，对自己的帮助也有限。真正的中国文化是实修而得，绝非学术知识所能替代。老子、孔子等圣贤能感化众人，能齐家治国平天下，这都是功夫，不是口舌之能。所以要想学好中国文化必须从实践入手，待真正有了修身养性的实在功夫之后，我们才能得以初窥先贤大德的门径；而太极拳正是最好的载体。要真正体会太极拳真义而让其成为实践中国文化的载体就要从理而入。

杨家老谱中说道"若得天地一体之理，自有日月流动之炁"，这天地一体之理就是太极的基础——无极，古人以"〇"表示天人合一之理。那么何为天人合一呢？就是人、我、天地都在我的感知范围之内，这个圈就是我的感知范围，在现代用语中也就是我们常说的气场，《大学》中所讲的儒家修身养性的大学问。"格物致知"，格物不是让你去研究万物，也不是让你格去物欲，而是让你能去感格万物而得到一个能感知万物的知性，也就是道家的无极。因为能量场的运动产生了势，这一步也是内家拳的基础。

"诚意正心"是让你用这能感知万物的知性去对待万事万物，得到万事万物的回馈后去修正自己的发心和行为。当一个人具备很好的感知力后就不太会做不好的事情，也能理解孟子所说"君子远庖厨"的意义，因为感知力让他无法漠视动物之痛苦了。这个"诚意正心"的过程就是"修身"的过程，在太极拳中这是炼精化炁的过程，也就是将后天之精气化为先天无极的能量场的过程。当你的感知力量经过修养练习，慢慢地越来越有力量，就成了感染力，就能感化四周的人而"齐家"了，这在太极拳中是炼气化神的过程。若浩然之气充彻天地就能感化国人而"治国"了。若如孔子那样感化历朝之人就是"平天下"了。

综上所述，整个太极拳的练习过程就是中国儒道文化的实践过程，也是真正的修身养性过程——这才是练习太极拳的最大意义所在。实际上，若离开了这个道理，习武或许还不如习外家拳，或学习跤术、拳击的效果好，动作再漂亮、再讲究，和太极也没什么关系，用于健身的效果也不见得超过其他的健身运动。

## 把文化事业当儿子还是当猪的感触

最近和友人相聚于上海三林,晚餐后游览古镇,在一茶馆内品茗聊天。茶馆的一侧是家武术馆,一打听原来是陈氏太极拳在此成立了一个集团公司,且准备短期内运营上市。朋友们知我是个拳痴,就请来了此公司运作上市的策划者香港某先生一起喝茶。某先生极好聊天,将他们运筹的上市计划滔滔不绝讲了个大概,我听后却不免大吃一惊。原来此君对中国太极文化和拳术完全不知,但是策划之大胆真可谓让人惊叹!他们的方法和目的是在某陈氏老先生作古之前,大量开设培训中心,不惜一切手段吸引人来加入。而为了实现此目的他们将传统的拳架一通改装,并把太极阴阳定为一男一女,男女推手为阴阳相济,教练为俊男美女等模式。我听后心中实在难以接受。我问他,这样做的结果是别人无法从这里感受到太极,那么文化如何长久呢?他直言他们的思路更符合多数人的需求,也可成为一个交友平台。我叹其不懂太极,遂将太极的哲学背景和大致概念略略对其加以叙述。想不到还真吸引住了他,他也不断提问,想进一步了解。我见天色已晚,就说:"我不愿多讲了,但是我相信如果你了解多了,可能就不会忍心再如此糟蹋它了,就好比对待自己的一个孩子,从他一出生总想培养其成材，哪有从开始就想他赚钱的呢？"不想某君听后哈哈大笑说："你把他当儿子而我们是把他当猪的，只要今天出手，明天就与我无关了，哪里真想干一辈子！"

听到这里我非常伤感。此君直爽。现在那些文化事业不都是这样吗？看现在弘扬中国文化的那些产业都是以营利为目的，这样经营文化好像很热闹，但长远来看对文化是非常严重的伤害。就拿这些经营太极的或国学的文化机构来说，世界各地的人们慕名前来，若大家学习一至两年都感到学而不能致用，也无心灵的感悟和感动，就自然看轻而离去了。那些没学的倒还抱着一些神秘感而给予敬重，学了的反而轻视而厌离，这样的结果对中国文化的传播和发展是多大的伤害啊！

现在的中国武术被认为是花架子，现在的中医被认为是不科学的迷信，不都是缘于大家的"弘扬"吗？我个人认为，要做好文化，就必须要先让人们真正地体会它的魅力，先要立本。只要它本有的光芒发出来，不吸引人都是不可能的，只要大家不要用"弘扬"的乌云去遮盖它们本来的光芒就好了。就拿太极来说，若让人人都能体会到势的运用，体悟人我一体的道理，了解均匀的魅力，没人会不喜欢的。

对太极拳的弘扬可分为两个部分，一是培养传承者，培养一批能在拳术中真正表现出太极的哲学背景、文武皆通的人才；二是培养通过太极拳而感悟太极哲学的广泛习拳者，让他们从中感悟而在各自的专业中实践太极的哲学内涵。如我有位法国朋友，是钢琴家，他没成武林高手却总结了一套太极钢琴教练法，在国外大受欢迎，有很多专业钢琴家上门求教。这才是弘扬文化的真正意义。我相信这也可用在高尔夫运动和其他很多的行业中。这说明真的东西是多么让人受用，多么吸引人。但因为没有快速回报的方式而使真东西缺失平台，缺少资源，让文化这样被糟蹋实在可惜！

## 太极拳和琴棋书画

在中国文化的实践当中琴（古琴）、棋（围棋）、书、画有着非常重要的地位，它们是用来培养文化修养的主要方式。书画是通过心对笔墨的控制来训练自己心的力量，纯熟后可以将心中美景用笔墨细微地表现出来。越是功夫好的，越是能利用笔墨浓淡和出手速度精确的表现万物的形态质地。书法更是在简练中让你不得不细致入微，不然的话，一出手贻笑大方，所以常常数年练字而不敢挂出献丑。但随着深入心力渐渐深厚，自制力日强而抗外界诱惑也会渐渐有力量了。围棋是让人们在对弈中必须始终在感知势的状态中，不能为一隅抟杀中而失了觉知，是圣贤用来训练定力的方法而不是只为争输赢的游戏。古琴为四艺之首是当之无愧的，古琴是将人引入更深的觉知的绝妙方式，当人在静听琴音时不由随音声而入妙境，更有弦外之音将人引入深深的觉知中，所以古琴绝不是拿来悦人的，是自证自修的好方法。古人通过对这琴棋书画的用功来成就自己修身养性的功夫，成为一个能审时度势的君子。

正确的练习太极拳能够包涵琴棋书画而有的作用和功能是一点也不夸

张的。我们站桩和拳架是用心来指挥气势和身体去完成每一个动作，是一种非常好的心力训练，包含书画的功能。推是练习在敌人进攻时仍保持全体势能的应对而非骨肉对抗，犹如围棋练心而更变化无穷。大家都到了觉知相应的程度时，只有更细微的觉知才能知己知彼，人不知我我独知人，这会让你在细微的境界中不断地深入。

所以说太极拳是实践中国文化的重要工具，这也是太极拳练习的重大价值，也是真正的君子之术，与只求本能后天搏杀功能不可同日而语。

## 太极拳最后的秘密：体用虚空

一般的练拳方式按照知、觉、反应这个方式在运行，也就是按前辈总结的实战经验去练习一种反应。反复练习的反应能力又经实战（觉中）去修正，以求得到更好的反应能力。而这样的练习取胜必须要对方的进攻方式在我练习的范围内，而我反应又足够准确和快速才能成功，但只有少量简单的反应才能真正练熟练巧。给你一百个有效反应去练习就无法练熟而成花拳绣腿了，所以常有一招鲜吃遍天的说法。从这方面研究传统武术和现代搏击相比是没什么优势可言的。对于真正的太极拳练习而言，最主要是要恢复觉知的状态和相应的能力。相应能力是觉知的积累和升华，而反应能力是思想的积累而产生的习惯。太极拳本来就是在道家的实际修证的哲学背景下产生的一个武术的升华。如果把道家的功夫完全去掉，变成骨肉反应的功夫，也就不存在太极这件事情。

太极拳高明的地方在于它分清了阴阳虚实，要求练出觉知和相应能力，而不要练出思想和反应。它就是要练出一个能够在动态当中自然地感知万事万物的状态，让身体能够根据它的感觉而自动地去相应调节，这样的练习方法是太极拳的精华所在。

听起来好像很神秘，其实并非如此。我最近就发现甚至通过练习滑雪就可以达到这样一个境界。你看滑雪怎么会不摔？你如果有思想去预备让脚应该怎样，手应该怎样，实际上都会成为摔跤的缘由。而当你思想完全无法判断处理的时候，就会有一个超越思维判断的觉知出来感知地上的变化。你的身体若能够随着这个感知不断地调整的话，你就能不摔了。那个感知不是思想，不是判断，就是真正的觉。那个随着觉的需求而快速相应的能力就是功夫了。

这种觉知相应同样可以用在武术训练上。从这里还可以看到一种人们对太极拳练习方式的极大误会，那就是对松的误解，很多人将松字理解成放松或者是松沉下去，实际上松就是让自己身体能按觉的需要而快速变化的那样灵动飘逸的状态。而很多人却在练习松懈的状态，导致身体相应能力更蠢笨，与"一羽不能加，蝇虫不能落"的状态背道而驰。所以太极拳的松是高度灵敏产生的随机应变的状态，而不是说我人放松时候的状态叫松。另一个问题是现在很多练拳的人应对敌手的进攻，都是通过经验的判断和估计而来的。这个呢，永远不会最好，也永远跳不出"以手快打手慢；以力大胜力小的范围"。一定是你的天然的觉去感知了以后，你能随着觉知而相应了才是最好的。这就像滑雪一样，地上的情况一直在变化，你靠预设、判断，你一定要摔倒的，因为你永远不能够算到全部而做出一个最准确的反应。但是，你达到一定熟练的程度后，即使在相对紧张的条件下，你自己的感知也能够体会到这些所有的变化，而你的身体又处于一种比较松的状态，就是能够随着你感知到的情况变化而相应变化的状态，你就能不摔了，这就是从"以心使身"到"身能随心"的一个过程。这也就是太极拳要练的功夫。所以呢，真正太极拳要练到能够用，它也必须是这个状态下出来的。

现在练太极拳最大的问题是学者将王宗岳等前辈们总结一整套练习觉知力和相应功夫的体系都破坏了。恰恰大家都在练一些无用反应，比如一推手，都是先想好我要怎么控制别人，怎样不被推倒，明明推手的时候先要舍己从人去训练感知和相应功夫的一种绝妙的方式。而现在被作为一个推不倒的反应训练，实际上这种固定的思维模式在实战中根本就不适用。所以在实战中就相形见绌了，唯有通过细腻的觉知来了解对方的状态，身体随着十三势的原则而相应才是太极拳取胜之道。

那么觉知是怎么训练出来的呢？简单地说，觉知什么时候都可以练出来，就是你滑雪都可以练出来。站桩实际上就是为了练这个东西。但要了解，这里说的站马步，不是四平大马站在那里，放两碗水不动，这个完全都是玩笑。正确的方法应该是"手若浮萍，脚若踏空，头若悬丝"。也就是说手要像一个空瓶子，如同放在水里一样，产生的浮力让自己的腰微微地拎起，控制着自己的身体，两个脚犹如踏在空中，挂在腿上。头上若悬丝，人像站在空中的那种感觉。所以说，站马步，你那个状态和滑雪的状态一样，一定是人在控制着自己的状态，所以要拎着腰，感受着自己，那

文化篇

时候，这个感知的东西才会出来。

　　随着功夫越大，你越会体会到外面一切都是我可以借用的。当我们感受到这个身体以外的空间力量后，还有更高的境界，比如说你在滑雪的时候，你只是身体松，你应变范围和应变能力还是不够的。你如果在更松的时候你感受的范围能够包括自己的空间，你变化就可以潇洒很多。你自己这样保持平衡，和你能够和这个空间保持平衡，是两种完全不一样的境界和感觉。同时，越能保持精神细微感知的状态，你能够感应的范围就越大。感应的范围越大，你产生的能量就越大，因为整个空间一动，都可以成为你产生能量的源泉。所以太极拳高手常常见其一动，对方如弹丸抛起，你以为是撞人，实际那是整个的空间范围的共同运动而产生的。整个空间产生的能量对他的一个大的冲击力，会远远超过你骨肉所产生的力量。身体、骨肉的力量是有限的，而空间的力量是无限的，所以你慢慢会把身体的力量还给虚空，变成整个能量的一部分。这也就是真正意义上的练神还虚。这实际上就是和周围的环境完全融合，就是天人合一的功夫。

习练篇

# 练好太极拳先要了解的几件事

## （一）论"氣"和"炁"

太极拳在最近这一段时间是非常热的。我也碰到很多工商界的领袖人物，或者是政界人士，或者是明星，都说喜欢太极拳。这几年来，大家都花了很多精力，去弘扬太极拳，开很多武馆，但是大家还是把太极拳理解成一项骨肉的运动。常常能听到"姿势标准不标准""样子好看不好看"之类的评价，然而对太极拳的内涵和产生它的哲学背景，却很少有人去研究。其实这些才是真正练好太极拳的途径。

那么太极拳最主要的内涵是什么呢？要知道这些，大家首先必须要去了解"氣"和"炁"的基本概念。一直以来，很多人习练太极拳不能成功，或不解前辈之境界，皆是不明"氣"和"炁"两字的差别，甚至修身养性不能入门也是不解此二字而已。

太极拳是在人、我、天地为一体的感受的前提下，阴和阳同时存在于自己的感受范围之内所产生的一种拳术。在弄懂这个听上去非常抽象的问题之前，须得先将"氣"和"炁"分析清楚。

我们现代人平时说的"气"，在古代有两种写法，即"氣"和"炁"。那么这个"氣"和"炁"是不是一样呢？虽然现在写起来都是一个"气"，但是在古代"氣"和"炁"是两个完全不一样的概念。

"氣"为后天之气，是食五谷而成五谷精气而后化"氣血"，道家讲此是后天之气，产于膻中及脾胃。人的五脏气血不足就要"肾脏氣血"来补，五脏气血有余即归于肾气，也就是丹田充实。此"后天之氣"只是修养的基础，和修养本身无关。

"炁"为先天之气，是"炼精化气"而产生的。古人说，在那个无思想的状态下，化精而成先天之气，即"炁"，也就是儒家的浩然正气、道家的无极，是一个场的概念，是感知力。它不是在人的身体里面，而是在整个人的感知范围之内。如果能够把这个场，也就是感知的范围，最后变成你能够感染或是带动的有力量的范围，也即是所说的"炁"化成了"神"。所谓神气的"神"，是从这个"炁"化过来的。

实际上能不丢失这个感知状态就是开始炼精化气了，然后慢慢力量足了，感知范围成了感染力的范围，而成为一种能量，就是"炼炁化神"了。

所以我们常说的"精氣神"应该是从这条路上（精—炁—神）走过来的，而不是和"氣"有什么特别的关系，但是并不是说"氣血"之"氣"和太极拳没什么关系。因为"氣养血"以后，对五脏能够产生一个推动作用，当我们后天肾气充足、气血充足之后，有两条出路：第一条，化为浊精而欲漏；第二条，化精而成先天之气，即"炁"。如果你能把它逐渐化为自己的一个感受的"炁"的话，那么这就是一个修行的过程。太极拳实际上就是能让我们从"氣"走到"炁"的一个神奇的过程，而不是"五谷之氣"在身体里面的作用。明白这一点，是非常非常重要的！

所以要想了解中国文化和太极拳，先要知道"氣"和"炁"的区别。

## （二）练好太极的三要素：目的地、船、划船之法

常有人问，你练的是杨氏太极拳，还是陈氏太极拳？哪一种太极拳好？实际上，这话有点外行。太极是一个哲学背景，太极拳是能符合这种哲学背景的一种搏斗术。它只有一个标准，即是符合不符合太极状态。太极拳就是这样，能在对敌应用时符合太极状态了，就叫你练成太极了；如果还用不上，都是还在路上。那么你是用什么工具来的呢？你是坐了陈家的船来的，还是坐了杨家的船来的？这都是可以的。所以未到家之前有杨氏、陈氏之分；到了家了，就只有太极。如果说还有杨氏、陈氏之分的，那都是在船上人说的话。

所以说拳并不很重要，但也很重要。怎么理解这句话呢？太极拳是到达太极境界必需的工具，但不是目标。有很多人太极拳练不好的原因，是因为一世的功夫都花在那套拳的动作上，没想到这套拳就是一条船，它是为了太极这个目标而建的。你一世都在造船，每天和别人比，你看我做的线条多漂亮，你的线条没我的好看。我那里还用红木的，甚至紫檀的咧。那个人说我上面嵌了银子，还有人嵌了金子的。一天到晚都在比这些，从来都没想过我要下水朝着这个目标走。当然，虽说造这条船并非是为了好看不好看，但是也必须是条不漏的船。漏了，也不能够到目的地。所以拳是要考究，但不要太考究，这是我对太极拳的一个理解。

这条船可以用来航行，使用中不出偏差，就可以啦。所以杨家三代的拳架都不一样，谁的对呢？如果杨露禅的对了，那么杨班侯和杨澄甫先生的拳都是练错了？或者说杨班侯的拳对了，那么杨露禅老先生和杨澄甫先生的拳是错的？或者杨澄甫的拳是对的，其他人，他们的祖辈是不对的？这都是外人的妄想，而拳都是一样的。个人的身体条件、练习的方法、年龄、对太极哲学背景的理解，等等，实际上都是有差异的，所以他们的拳架才产生了差异，这是很正常的。太极拳的总称是太极十三势，这套拳架是用来练习掤、捋、挤、按、採、挒、肘、靠、进、退、顾、盼、定十三种势能的运行方式的，而不是一套高明的动作，所以不是太极十三式。太极拳八十八式拳架是用来练习十三种势能的，所以如果不懂的话，看到的就只是一套拳、两套拳、三套拳而已。还有拳友对我说，他五家的太极拳都会，你说这有什么意义吗？我今天坐坐船，明天又去换个车，再换一下飞机，弄到最后一个到北京的就是你。拳练了一大堆，钱也花了一大堆，造了很多船，但是一次也没到过目的地，多可惜啊！

所以我觉得这个问题也是大家应该注意的。实际上这不是个别的事情，现在已经是太极拳界一个非常非常严重的问题。都是在注意你自己家的一套拳，我这套拳和你那里比比有什么不一样，其实没啥可比的。所以我一直说拳练不好，有很大原因就是大家没有目标。没有目标，就是不知道真太极是什么。只知道有这套拳，就等于说我要去北京，不知道有北京这个地方。只知道我有一辆公共汽车，或者是我有一辆车，上了车就认为到了北京，实际上这是一个非常大的误区。

拳论篇

# 《王宗岳太极拳论》释要

## （一）《王宗岳太极拳论》原文

太极者，无极而生，动静之机，阴阳之母也。动之则分，静之则合。无过不及，随曲就伸。人刚我柔谓之走，我顺人背谓之粘。动急则急应，动缓则缓随。虽变化万端，而理唯一贯。由着熟而渐悟懂劲，由懂劲而阶及神明。然非用力之久，不能豁然贯通焉。虚灵顶劲，气沉丹田，不偏不倚，忽隐忽现。左重则左虚，右重则右杳。仰之则弥高，俯之则弥深。进之则愈长，退之则愈促。一羽不能加，蝇虫不能落。人不知我，我独知人。英雄所向无敌，盖皆由此而及也！斯技旁门甚多，虽势有区别，概不外壮欺弱、慢让快耳，有力打无力，手慢让手快，是皆先天自然之能，非关学力而有为也。察四两拨千斤，显非力胜！观耄耋御众之形，快何能为？立如秤准，活似车轮，偏沉则随，双重则滞。每见数年纯功，不能运化者，率皆自为人制，双重之病未悟耳。欲避此病，须知阴阳。粘即是走，走即是粘。阳不离阴，阴不离阳，阴阳相济，方为懂劲。懂劲后，愈练愈精，默识揣摩，渐至从心所欲。本是舍己从人，多误舍近求远。所谓差之毫厘，谬之千里，学者不可不详辨焉！是为论。

## （二）《拳论》讲解

王宗岳的《太极拳论》一直是所有练太极拳人的经典。它是由王宗岳传给蒋发，蒋发又传给陈长兴、陈清平，后来武禹襄在蒋发过去的米店里找到的。所以太极拳是由武当张三丰传下来传给王宗岳的，王宗岳传给蒋发，再传陈长兴、陈清平，再传给杨氏、武氏的。杨氏、武氏是最早的太极拳分支。武氏再传给郝为真，郝为真传给孙禄堂，就产生了孙氏太极拳。吴权佑是满族人，他跟着杨露禅、杨班侯学拳，后来渐渐在上海产生了吴氏太极拳。整个太极拳主要就是这五个分支：陈氏、杨氏、武氏、吴氏、孙氏。所有这些太极拳中最经典的著作，就是王宗岳的《太极拳论》。后来武禹襄、李亦畬也有很多拳论，但他们的拳论都是从王宗岳的《拳论》演化出来的，有很多就是解释王宗岳拳论的。我们练太极拳的人一定要非常清楚，你练得对还是不对，王宗岳的《拳论》是标准，符合它的就是对的，不符合它的就是不对的，没有什么可疑惑的，一切以这个拳论为准。这是老师当初给我的学拳第一准则。

**太极者，无极而生，动静之机，阴阳之母也。**

《拳论》的第一句"太极者，无极而生，动静之机，阴阳之母也"。有很多人看《拳论》，首先就把这句话忽略而过，认为这是古人写书的一个潜台词，不说好像没有文化，说了也没什么真正特别的意义。但是实际上我们练拳的人，要真正地进入太极之门，必须要把这句话搞清楚。

太极拳的理论来自道家文化，主要包括天人合一和阴阳虚实两大核心，无极就是天人合一。无极是什么呢？就是这个"炁"，也就是你的感知感受范围。不从这里入门，内家拳都谈不上，更不要说是太极拳。

要做到无极，有练法吗？有的！道家将天人合一、人我天地为一体、与道合一的状态称为无极。有人可能会问，人是人，我是我，天是天，地是地，为什么是一体呢？其实如果将天、地、人、我都放在你的感知范围之内，那么天地人我就是一体。如果未将天、地、人、我放在你的感知范围之内，那么天是天、地是地、人是人、我是我。所以，我们现在看到很多推手，最大的问题是什么呢？两个人一交手，就已经先把对方当对手了，而这种状态其实已经和太极没有什么关系了。那么太极拳第一件事情要做的是什么呢？是和对方一见面、一接手，马上要和他合为一体，感知对方身上的一举一动。对方神气的波动，全部要放在我的感知范围之内。《拳论》中说得很清楚："人不知我，我独知人。英雄所向无敌，盖皆由此而及也！"

那么如何能够练成天下无敌呢？就是从感知对方的一切状态开始，真正能做到"人不知我，我独知人"。正确的推手，如果是有功夫的话，和对方一粘手，对方是没办法起脚，也没办法出拳的。他每一起脚、出拳之先机，都已经被我知道了，就不会再给他这个机会了。所以杨露禅能将一只鸟放在手心上，鸟却飞不起来。并不是说他手上有胶水，而是鸟在用力的时候，它的蹬力被化解了，而这个化解一定是建立在感知的基础上的。所以太极拳有一个词用得很好，叫"听劲"。它为什么不叫"摸劲"，而是让我们"听劲"呢？"听"是什么呢？就是让你不要把你的思想放在你自己的触觉上，因为你的触觉是不可能听的。这个字真是用得很高明，有类似于禅宗的感觉。禅师说听云，云明明是看的，怎么让我去听呢？其实就是让你不要沾着，听云就是让你感受云的状态。这就是练拳当中非常要紧的事情。你如果能够明白无极这个概念，练拳就已经入门了。你说方便不方便，我是觉得很方便，但是太多的人练拳都不从这里入手。

**动之则分，静之则合。**

"动之则分"，就分成阴阳；"静之则合"，就合为无极，即感知状态。阴阳是在这个基础上产生的。

在太极图上我们把有黑点的白色的区域称为阳，把有白点的黑色的区域称为阴。有很多人解释过太极，但是从练功夫上来说，我对他们的解释都不满意。我的老师曾对它专门做过解释，实际上古人是以高度概括的太极图来解释太极的：白色有黑点的区域，白色代表没有东西的地方，黑点是你的神意，是要守住的；黑色有白点的区域，黑色代表有东西的地方，白点是你的神意，神意是空的。

所以两个人接手，我身体要保持空灵，要让它觉得摸不到，但是外面的神"炁"是满的，做到这个状态就叫进入太极状态，你已经赢一半了。所以真正的太极是什么呢？就是在感知范围之内，你能够做到：有身体的地方是空灵的，没有身体的地方，你要神意饱满。而且要做到在这个感知范围之中，阳不离阴，阴不离阳，要同时存在，这个状态就叫太极。这也是道家说的知黑守白。黑色表示身体的这个区域要放空，守不能守在这里，守在这里，这里就变成一个实体，就变成被人攻击的一个目标了。要守在白处，这叫知黑守白。天地万事万物都是以这种状态为最佳。我们也经常以太极的标准来评论书画的高明，"落墨之处须空灵"，"未到之处须气满"。但是我们自己练太极拳，有几个人是以这样的标准来练的呢？

### 无过不及，随曲就伸。

"无过不及"是什么意思呢？是说我在自己的感知范围之内和对方交手，即我的手不出圈，不能出我的感知范围。有很多人一推手人坐在后面，手放在前面，其实这个时候手已经伸出他自己的感知范围了。

"随曲就伸"，是因为两个人是一个气场，合为一体的，一方缩了，我的气就进去，始终要填满。太极拳的这个方法在搏击上非常非常好用。为什么呢？因为别的拳术很难做到这一点。要么一动脚身体就瘪掉了，有的人想要用身体，脚却瘪掉了。若能做到随曲就伸，对方一动就倾斜了，他站在那里是不平衡的，他就要调整。高手过招，哪怕是一点儿的调整过程，就失去了先机。如果你能随曲就伸，对方就很难找到你的破绽。所以太极拳这个合为一体的理论是非常好！

**人刚我柔谓之走，我顺人背谓之粘。**

在太极的状态范围内，感知到对方的力量时，我的身体随感知柔化相应而动，让我的身体均匀走化对方的压力，不可用顶抗或拙力拨挡。在这走化的过程中，我还要由此得到对敌发放的机势，让敌人势卸而陷入被动挨打之状态，在我大势所摧之下不能也不敢摆脱，如被粘一样。要注意，这个走化和粘是一件事，并非先走后粘，或先粘后走。走就是蓄势，而对方落空，自然背势而被粘。若能体会也可算懂劲了。

**动急则急应，动缓则缓随。**

人家快你也快，人家慢你也慢，这个很容易说，这就叫听劲。人家是三两一，你不能是三两二。人家是三两一，你也不可以是三两，这是说什么呢？不是去猜，是去感受，相应就会准确。你去猜测而做的反应，大概来的是三两，我大概也是三两，你肯定算不准的。你去感受，心气骨肉和它一合，你马上就会有很好的相应，就会准确。

*虽变化万端，而理唯一贯。*

太极拳总体的大纲到这里其实已经说完了。怎么练，告诉你了；如何练，也告诉你了。后面所说的只是方法和分析。整个太极拳原理就这些，一百个字都不到。你说太极拳难不难？一点都不难。那么练会的人有几个？很少。原因是什么？都不按照《拳论》练，就按自己发明的一套。

我还听说有一些人建议，找一帮武林名家，一人出一条名言，在某个地方去建一个石林，把这些老师的名言刻在石碑上，以让后人观赏。对此建议我是非常反对的。因为我相信这些人没有比古人说得更好的，对武术的理解也不可能超越古人了，这很可能成为众人修行的错误路标，那是多么可怕的事啊。

*由着熟而渐悟懂劲，由懂劲而阶及神明。*

这两句话是告诉我们上面这些道理懂了之后，就需要练习。不然的话，我们大家都说，我懂了道理学了方法，但到用的时候，还是过去的老习惯。这个是很自然的，这就叫习气。这好比我们原来用拉线开关的灯，换成了拨的。你每次用时还想去拉，一拉发现没有，就改成拨，这就叫习惯。最自然出来的东西，就是你的习惯，所以这很正常。平时练得蛮好，一旦正式动手，又把弄堂里那一套砸来砸去的方法拿出来了，因为这是你最熟悉的东西。既然知道了好的东西，怎么样让它变成我的新习惯呢？就是要"着熟"。把生的一套好方法练熟了，原来熟悉的、不对的东西，让它渐渐地生疏。这和任何修行都是一样的。在这个正确拳理下，一个人练拳是悟劲，两个人练拳也是悟劲。两个人练拳，就是你来我往。我们推手时也就是在琢磨，如何在这个推手的过程中始终保持阳不离阴、阴不离阳的状态，而不是只想把人按出去，或扳了他一下手、扳了他一下脚作为目的才是有意义的。

对手真正找你比武，不会和你推的，也不会和你进行这种摔跤不像摔跤、打不像打的运动。这里也要提及练好太极拳还有一个非常非常重要的因素，就是说道理很容易懂，可是为什么偏偏懂了道理还练不好，也到不了前辈的那种状态呢？很主要的原因就是懒！过去那些前辈，包括我的老师，他们一直说：拳打万遍方为熟。那么怎样才能"着熟"而"阶及神明"呢？在两年半到三年之内，需练满一万套拳！那么一天要练多少遍呢？要练十几遍！如果想要一年半练完的话，那可能每天要练二十几遍拳。而其实我们每天才练多少遍拳呢？用功的时候练过三遍拳已经不错了，不用功的时候每天可能只练了两遍而已，这样就很难达到古人的境界。这也是我们练拳之人要有自知之明需要反省的地方。

有一些人自认为五百年来也没有人像他这么厉害过，好像他很不得了。那么你花了多少工夫呢？当初我和老师一起讨论过这个练拳的问题。我们起初练拳，就是学会了整套拳架，至少要先练一千遍。练一千遍的原因是什么呢？练完一千遍以后，你不会再想我这手到底要高一点还是低一点，我这脚到底要跨度大一点还是小一点，我的手走的方向应该是两个圈还是一个圈。这种想法都已经没有了，因为肌肉已经养成了一种惯性。在到达这个状态以后，才能去悟劲，就是去体悟我们前面所说的无极和太极的概念。

说到"悟劲"，当我们练完一千遍以后还有个悟劲的过程，就是对太极的理解和体悟，这是我们练太极拳能否入门上路的关键。悟劲是需要因缘的。有的人可能听明师指点三句五句演示一下就懂了（我碰到过这样的人，我学生里面也有这样的人才。但是这种人往往比较懒，会觉得这个很方便，一学就会了，所以不用功；跟人家动起手来还是不能应付）；有的人就很慢，三年、五年还觉得像赌博一样（我这里也有个这样的学生，在几年前他还没有体会到这个事情的时候，和我说过一次话。他说："到你这里来练拳，像赌博一样。如果不来的话，又怕今天正好应该是拿一副大牌的时候；如果来了，又常常空手而归，你说的东西我还是搞不懂。"不过，他最近摸的两副牌好像还可以，所以又有信心，不然的话，他会觉得好是好，就是怎么也装不到自己身上去）。所以这个问题也是人的悟性问题，不能强求。

悟劲以后，还有一关要过，就是"着熟"。你悟了以后明白了一个新的用力的道理和方法，我如何让它熟练呢？要求是什么呢？那么你最少要练满五千遍。你练满五千遍，就"着熟"了。我老师对我们的要求是练一万遍，懂劲以后要练一万遍。我现在的要求已经没那么高了，我晓得要练一万遍，学生都要逃光了，还不如让他们练五千遍，还可能有人坚持一下。就算练五千遍，我也没有和人家说，你一定要一年半或者两年里面练满。我看现在这个也很难。所以我上次和朋友在说这个问题，我们有机缘的话到山区去找一些孩子，我们做一个基金，每个月给他们生活费，让他们不要再想那个赚钱不赚钱的事情，专心地练个五年八年的，成功的概率就会很大！

### 然非用力之久，不能豁然贯通焉

由着熟、懂劲以后才能阶及神明。"然非用力之久，不能豁然贯通焉"，就是说你慢慢地熟练了以后，就会真正地懂得在动手当中"阳不离阴、阴不离阳"的道理，体悟到这个概念以后就叫懂劲。懂劲以后，会越来越熟，会觉得和人家动手越来越神妙，越来越得心应手。但是你如果不是苦苦地去练，还是很难豁然贯通。

我们说的王宗岳《拳论》的主要理论，到这里就结束了。下面的虚灵顶劲、气沉丹田等只是一些具体的练习方法了。

*虚灵顶劲，气沉丹田，不偏不倚，忽隐忽现。左重则左虚，右重则右杳。*

下面我们谈的是拳术的一些基本要领。

第一句话是"虚灵顶劲，气沉丹田"。对这句话，很多人的领会也有很大偏差。偏差在哪里呢？它把"虚灵顶劲"和"气沉丹田"拆开来理解了。这是非常大的错误。什么叫"虚灵顶劲"？就是人是拎着的，微微地拎着，从上到下有条中线在拎着全身，忝放松了，宗气自然会沉入丹田。而现在很多推手和练拳的人都不是这样，和人家一推手，先蹲下去，或者是肚子朝下面一挺。为什么呢？他们认为这个叫气沉丹田，可以让自己的重心稳固。实际上，这个气不是沉入丹田，它是注在丹田，一字之差，面目全非，这个时候绝对没有虚灵顶劲。而拳术恰恰是要虚灵顶劲和气沉丹田同时存在。丹田是自然沉实的，不是说让三个人推不动就叫气沉丹田，那叫气注丹田。

下面的一句话"不偏不倚"，我这个时候身体可以动，力气可以化解，可以运动，可以打人，如果说我不能做到虚灵顶劲和气沉丹田同时存在，就不存在放劲。我们很多练武术的人都以马步为基础，但是有几个人练对呢？大家扎个马步，人插在那里，坐得很低，但是这个是马步吗？和马没有关系啊！为什么叫马步呢？马步是古人在战场上驾驭着马匹作战时的状态。你想想看，你在马上能够这样蹲下去坐吗？马跑一圈你就蹾死了，肠子都出来了。所以人坐在马上是夹裆的，人的腰要拎着两条腿，夹着马肚子，那么当他手里拿了一把大刀或长枪的时候，就能合着这把刀枪以及马的运动的势能一起去打人了，这样才有很大的冲击力。你想想，如果以这种错的状态坐在马上，拿着这么一把刀枪去戳人，人家没被戳倒，你自己就先倒了。所以先要练腰，就是要用腰拎着你的脚。现在有种说法，很多人练太极拳会把膝盖练坏，不要随便练太极拳，一有老人练太极拳医生马上就劝导："不要练了，练了膝盖会坏。"那么医生是瞎说吗？没瞎说，很多人是练坏了。那是太极拳不好吗？不是，因为他们练的不是太极拳。太极拳首先要做到什么呢？要练你的腰，它不是让你用重心去压在自己的膝盖和脚上，如果这样的话，只要年纪大了，这样的运动量会加大对膝盖的损害。但是，中国人的武术不是这样，它是用腰拎着全身，两个脚挂在腰上运动的，而不是用两个脚支撑在腰下。现在大多数人嘴上说，腰为主宰，我看都不是！脚跑到哪里，腰跟到哪里，哪能叫主宰？主宰是我腰指挥到哪里，全身都会去配合，脚只是腰的辅助品而已。而且，错的练法也做不到"左重则左虚，右重则右杳（杳是空的意思）"。为什么呢？你如果不能做到虚灵顶劲、气沉丹田，"立如秤准"的那个东西就没有了。你想你一撑，哪还有秤准，你这杆秤还会准吗？这肯定是不对的。你一定要拎着身体，气沉丹田，炁为轮，腰为轴，那个时候人像轮一样。这个气不是身体里面的"氣"，而是元炁之"炁"。所以这个神，就像车轮一样，这腰就像一个轴一样。如果你说是身体里面的气，那就不存在"炁成轮"的话了，它不是轮嘛。但是这个轮是非常灵敏的，因为你做到了气沉丹田和虚灵顶劲。

所以我们太极拳的"十要",很多是后来加的,也没有错。但是都是从"虚灵顶劲、气沉丹田"这两句话里面衍生出来的,并没有更深入的内容。比如说垂肩沉肘,也不能是自己身体有意这样垂下来的。过去老师常说练拳时两个腋下要像放了两个烫馒头一样。我们再看古人的人物画,特别是唐以前的人物画像都是飘飘然,甚至人是腾挪而起,一尊佛像你见了会产生恭敬心。为什么呢?他们是拎着的。当初关于"炁"的学问,是每个读书人士大夫都要研究实践的,所以几乎每个人都有些功夫,他们知道这个状态人是舒服的。但是宋以后,一下子就让人觉得瘪了。为什么唐以前中国这么旺盛?你看青铜器,特别是商周的时候,那些青铜器真好。你看到这些青铜器就能知道什么是气势,什么是拎腰。你看到青铜器,你就会想到那个时候外国人肯定打不过我们。但是你一看到宋明那些儒雅的东西,炁不够了,就觉得可以欺负了,是整个社会的文化都慢慢地从那个炁的文化当中远离了。

这个事情,我觉得也是大家要多留意的。我们腰拎起的时候,这个脚的负担是很轻的,所以别人说你这个人好像脚很活。脚很活是腰有力量,你看人家练摔跤的人脚活,人家练摔跤的人怎么样练他的腰力的?他们有很多练习腰力的方法,脚当然活了。而你死马桩一样坐在这里,怎么弄得过人家呢?所以我说碰到人家练摔跤的人,哪怕一个女子柔道队的就能把他们那些喜欢拉拉扯扯的人弄得一塌糊涂,原因就是这个。所以,真正练对了太极拳,绝对不会伤到你的膝盖。通过你脚和腰的运动,一定会对你的膝盖更有益处,对你的腿脚更有好处。当初有一位来自美国的许教授，他做过一个蛮有意思的专辑，他在里面提到如何利用练习太极拳防止老年人摔跤。我觉得这是蛮好的内容，你至少在不断地平衡当中去练习腰力和腿力，你练得对的话就会充实，就不容易摔跤，减少了摔跤的可能性。

**仰之则弥高，俯之则弥深。进之则愈长，退之则愈促。**

这一段话，有很多人解释得很勉强。实际上它是说，在太极的状态下做到"虚灵顶劲，气沉丹田"，能使对方在我的感受范围内觉得"仰之则弥高，俯之则弥深。进之则愈长，退之则愈促"。比如说两个人在接手时，他运动的范围都在我的范围之内，就不存在高高低低的问题。我们两个人散手，他也在我的范围之内，他想要进攻我的地方，总觉得摸不着，却觉得我马上就可以到他身上一样。我的势时时包围着他，他进又摸不到，退又走不掉，朝上觉着高得没有尽头，想往下跑也觉着深无底。这几句讲的就是势的范围的问题，还是在太极的概念上，所以说来说去并没有离开这个东西。

**一羽不能加，蝇虫不能落。**

在感知的范围之内，你才能做到"一羽不能加，蝇虫不能落"。太极拳不是比我的力气比你大多少。"一羽不能加，蝇虫不能落"，是真正教你一个练习的方法。你在练拳的时候，就要让一根羽毛也不能加在你身上，一只苍蝇落下，你也要有感知和相应，你要这样去练习才行。现在先不要说苍蝇了，这么一个人推在你身上，你总要走吧？我的太老师董世祚先生曾说，明明拳论里面说了要"一羽不能加，蝇虫不能落"，但是往往很多人刀砍斧劈也不肯走，就要站在那里。我定力很好，就是不走。这样的英雄到处都是。

**人不知我，我独知人。英雄所向无敌，盖皆由此而及也。**

拳论在这里又总结了一下，说我只要能做到虚灵顶劲、气沉丹田，而且我的太极的范围、势的范围要够大，能够做到让对手仰之弥高，俯之弥深，进之愈长，退之愈促，而且是仔细地练习听劲，练习到让"一羽不能加，蝇虫不能落"，最主要的目标是什么呢？就是要知道对手的一切动向，都在我的感知之中，而对手是不能够了解我的。他如果没有这么细腻的感知，他不用这个方法，他永远不会走这条路，他也不会了解我，所以叫"英雄所向无敌，盖皆由此而及也"。它并没有说你这样练，马上明天就变英雄所向无敌了，它只是说英雄所向无敌的方法是从这里开始。我老师那时候常常说，有很多人推手，推的人翻在地上脚也不动，好像要显示他的腰很软一样。还有的人站在那里撑着，五个人也推不动。我老师说他们推不动，你上去给他一个耳光，看看他能还手吗？他如果不能还手，这还叫武术吗？人家推不动你，戳你一刀，你也不动吗？这和武术有关系吗？这都是表演用的，和真正的拳术、太极是没有关系的。

斯技旁门甚多，虽势有区别，概不外壮欺弱、慢让快耳，有力打无力，手慢让手快。是皆先天自然之能，非关学力而有为也。

"斯技旁门甚多"，"旁门"就是练错了，练错的人很多，虽然个个有差别，但是总结一下，不外乎是以壮欺弱，以慢让快，有力打无力，手慢让手快。大家想一想，是不是这样？我常常和别人推手时说"你打我一下吧！但是我要求你表现得不是以力大打力小，不是以手快打手慢，你试试看"——这其实是很难的事情！有很多人力气很大，一不小心就有力气出来了。

"是皆先天自然之能，非关学力而有为也"，是说这些都是后天自然本能，它不符合太极的道理，这和你要学习的用力方法也没有什么关系。

察四两拨千斤，显非力胜。观耄耋御众之形，快何能为？

你去看一看，真正的四两拨千斤的功夫，显然它不是以力量来作为方法。如果是以力量的方法，就不会这么轻巧。有很多人说四两拨千斤是技巧，它其实也不是技巧，它是一种化劲。比如说我最近和几位老前辈一直讨论这个问题，所谓四两拨千斤，并不是说把人家加给你的力量，我用一个技巧把它弄到另外一个地方去，而是由于你身体和空气都是均匀的势的运动，所以能够把人家加在你身上的势（并不单单是力）分解或化解到身体当中，甚至于空中均匀承受。它在你接触点的作用力就变得非常小，对手会觉得有一种"空"的感觉，而这个空的感觉就叫"化"。如果说是我用力的方法把来势转变掉了，那个叫"变"，不叫"化"。所以，太极拳说是"化劲"。太极拳没有说叫你"让"，而只叫你"化"。我的太极拳老师乐奂之先生也说太极拳是没有"让"的概念的。老师写给我的一个东西，它的意思是说，和人动手就像坦荡荡地让人搜身一样的感觉，它化干净了就可以，一旦化干净，对自己也就没威胁了。事实上，对手的劲在我身上可以流过。这种境界，才是我们要去追求的！

"观耄耋御众之形，快何能为"，那么太极拳是不是快呢？当然，也可以说快。为什么呢？所谓的快是能够身从心动，就是太极拳的练习过程，刚刚开始时是"以心行气"，最后，练到成功了，叫"身能随心"。为什么它快？它快在身能随心，心一动就到了。没有说是我预备着，要手伸出来，要干些什么事情，那就会很慢。我们说熟能生巧，一动它就有相应了，就算练成功了，这就是前面说的"着熟"。由"着熟"到"神明"，就是要身能随心而动。

所以"观耄耋御众之形，快何能为"，它不是快的问题，但是也不能说它不快。太极拳明明说了"彼不动我不动，彼微动我先动"，那叫快吗？也叫快。所以它的快是心动而手动，没有说是我想，想就很慢。

所以说真正出手的时候自己都不知，《拳论》里说到，不知手之所舞，足之所蹈，心动就出来了，不能老想着我要如何去做这件事情。和人交手，就想对手怎么来，我如何应付。你有这种想法，赢的机会已经不大了。

太极拳的应用，它不是在手脚快慢上赢别人，它赢的是那种状态。它并不是在和你比手脚快，如果比手脚快，我肯定比别人慢，因为他们天天在练。但是我是看到他人处于哪种状态，是我可控的。我体会到对手的势，有哪一个地方是有破绽的，这个才是中国武术非常要紧的地方。

**立如秤准，活似车轮。偏沉则随，双重则滞。**

"立如秤准，活似车轮"，这句话是说这个"气"绝对不是那个米谷之"气"，它说的是无为之"炁"，不然的话就没有"活似车轮"这句话了。"偏沉则随，双重则滞"，这句话有很多人在钻牛角尖，实际上它说得再明白不过了，它和前面那句话是连在一起的。"立如秤准"，站在这里，气沉丹田、虚灵顶劲就是秤准，人要活络得"一羽不能加，蝇虫不能落"，这就叫"活似车轮"。"双重则滞"，就是说我这个秤，碰到分量我就会旋转的，是偏沉的，就能够跟随别人，如果是说双重的，我一受到力量就去顶了，那叫双重。双重，这个秤就滞了，就不会准了，秤就不灵敏了。这个话是非常明白的，没有很多复杂的东西。但很多人去钻了牛角尖，就使得这个《拳论》没办法解释。说来说去都是很简单的，就是我要虚灵顶劲、气沉丹田。人要活得像车轮一样，对方一碰我，我就听，这就叫舍己从人嘛。一听，我就动了。如果是说人家给你力量，你也去顶，那就叫双重。双重，那你就不会变化，你那个秤就坏掉了。

*每见数年纯功，不能运化者，率皆自为人制，双重之病未悟耳。欲避此病，须知阴阳。粘即是走，走即是粘。阳不离阴，阴不离阳，阴阳相济，方为懂劲。*

所以王宗岳先生看到很多人，练了很多年，和人家一动手，化不掉，为人所制。原因是什么？双重这个问题体会不到，斗力的毛病去不掉。"欲避此病，须知阴阳"，就是说，要避开这个毛病，你必须要知道阳和阴，知道这个太极的状态。后面那句话也很重要，我前面实际上都说过了。他说："须知阴阳，粘即是走，走即是粘"，所以没有有意去粘别人的，对方走，你和他合在一起就叫粘。你有意去粘，身体就硬掉了。你有意去走，那就叫瘪掉了。所以"粘即是走，走即是粘"，这两个统一了，才叫作"化"，而且要"阳不离阴，阴不离阳，阴阳相济，方为懂劲"，这句话也是精彩得不得了，所以《拳论》真是拳论！就是说，你在练习太极拳的时候，一块阴面不能单独存在，一块阳面也不能够单独存在，在同一个无极感知状态下，阴阳要在同时存在、相互转换、相互帮助的状态下，就叫作"阴阳相济"。你懂了这个道理，就懂劲了。

*懂劲后，愈练愈精，默识揣摩，渐至从心所欲。*

懂劲以后，你就会越练越精，你默默揣摩，仔细地去琢磨，越来越细致，慢慢地就会从心所欲，你出手就自在了。

**本是舍己从人，多误舍近求远。所谓差之毫厘，谬之千里，学者不可不详辨焉！是为论。**

本是舍己从人，多误舍近求远。人家碰到你了，化还没化开，就在想我怎么把他拨弄掉，很多人是这样的。人家碰到你，这里的问题要解决，所以一碰，就要化掉，你才能够自由，你才能够运动。如果化不尽就想动，就会看到两个人像八仙桌一样，谁都不能放，放了都会倒。"所谓差之毫厘，谬以千里"，就是对于这个本体太极的概念，你如果理解错了，哪怕一点点，就不知道跑到哪里去了。太极拳现在的状态很可惜，有很多人不是错一点点，而是不知道错到哪里去了，根本就没有找到过这扇太极之门。

我现在也是呼吁大家，练太极拳的人，一定要从这个门里面进去，绝不要只是在外表上打转。太多的人就是一直在外表上花工夫，而对它根本的哲学背景不去深究，所以练到后来，练的那套拳和太极没有关系。我常常问别人，你为什么叫这套拳是太极拳？你说掤、捋、挤、按这几个动作就叫太极拳？这只能练太极拳的人用？再说，很多推手的人拖拽拉抱，你看他们有太极拳的那个感觉吗？也没有嘛！但是，他们很多人硬是把这些东西说成是太极拳，这其实对太极拳没有任何的帮助！当然不见得每个人都要练成像张三丰、王宗岳、杨澄甫这样的绝世高手，但是也希望每个练拳的人练对路子，至少可用它去体会、实践太极的哲学背景，让身心真正得到这么美好的传统文化的滋养，这是很重要的，对身心，对学问，也都有好处。

"学者不可不详辨焉，是为论"，王宗岳老先生苦口婆心想把这个道理告诉别人，所以才写了这个太极拳《拳论》。我们要非常感恩这位老前辈，他以这种无私的精神把《拳论》写出来，让大家不要弄错。但是现在有几个人把这个东西作为经典，有几个人把它作为自己练拳的标准？很少。这样不好。它值得我们每位练太极拳之人的恭敬，也希望我们每位练太极拳之人不要违背这个拳论而去自己发明一套东西出来。

到这里，王宗岳的《太极拳论》就全部讲完了。

## 猫鼠的故事

《猫之妙术》这篇文章，是我在一个偶然的机会下看到的。看了这篇文章以后，我大为吃惊。现在我甚至认为，写这篇文章的人境界之高，几乎和王宗岳不相上下。这么好的一篇文章，它出自在日本的《姿三四郎》这本书。有人就想了，这个东西是日本的么？告诉大家，它不是日本的。明末时，日本的一个武术家在中国游猎，看到了地摊上有这样一本武学的书籍，他觉得很好，就摘抄了一段放在《姿三四郎》这本书里。所以，这篇文章是中国的。可以看到，文章中的人名都是中国人的名字。所以，不要因为情绪高涨，一听是日本的就心里不舒服。实际上真理和艺术甚至技术都是超越国界的概念。就算这篇文章是日本的，如果它是高明的，我们也可以学习，这就是我对真理的理解。我曾经发愿，当我学会了太极拳以后，我要把它教给每一个人。只要他想知道，想要学，我都会告诉他。我从太极拳里所体会到这门学问，一个坏人是学不会的。如果他是一个坏人，但能够学会，那么在他学习的过程中也会慢慢变好。所以拳能养性，这是我对拳的理解，是真实的。

其实太极拳跟你们在外面看到的，大部分表现出来的武术是有很大差异的。实际上，武术没有这么简单，它是一种修养。太极拳是人类的瑰宝，如果大家能认真地去体会它，对人的身心都会有很大的帮助。只有像太极拳这样的哲学背景引领的武术，才是武术真正的精神，也才能够真正地让武术在某种意义上比搏击术更高明。

真正的有了这些哲学背景，才有太极内家之说。不然，我们现在练得最好的就应该是最原始的搏击术。就是说可能是那些天天研究杀人的人，才是最厉害的。但是，这些人离"道"是越来越远，因为这样的训练会增加大家的戾气和动物性能力，让大家的心情变得更差。所以，我们常常看到很多武术家出来，要不就是完全没用，只能嘴巴讲讲或者和自己的学生玩玩；要不就是雄赳赳气昂昂，表现出要把满桌的人打趴下的感觉，让人不舒服。实际上这些都不是真正武术家的表现。极致的武人应该是"文象"，极致的文人应该是"武象"。这是我对文武之道的理解。

这并非乱讲，比如当初子路为什么会佩服孔子。因为子路打不过孔子。你们可能不知道，认为子路很厉害，孔子是一个读书人。但是你们应该也听过孔子有举鼎之力，那叫"孔武之力"，他是有大力量的人。所以，真正的读书人，修养礼乐骑射，与道相合，不是一般练体魄或者是搏击技术赶得上的。那么，这些都在这一篇文章当中体现出来了。这篇文章比较难懂。第一个，它是文言文，不容易理解；第二个，对武术理解深度不够的人，也很难理解这篇文章。

**【原文】**一精通剑术者,名曰胜轩,府上有大鼠,白昼亦横行无忌。主人紧闭其室,放家猫捕之,然此鼠毫无惧色,迎面扑咬,猫放声惨叫,仓皇而逃,如此景象,怎生得了。主人乃搜邻近悍猫多只,放入室内,此鼠闲踞居室之隅,蓦见悍猫,便纵身扑上撕咬,其势猛烈,令众猫皆畏缩不前。主人大怒,自提木刀入其室,于后掩杀之,此鼠避开木刀,竟自眼前跃过,木刀击破拉门、隔扇,而鼠跳至半空,安然无恙,其速疾如电光,时而迎面扑击主人,虎虎欲咬之。胜轩大汗如注,无可如何,乃唤仆至,曰:据闻去此六七里,有悍猫凶猛异常,无与伦比,速借其返。

仆携猫返,待见那猫,形颇笨拙,毫无敏捷之状,无奈,唯有一试。遂微开门缝放入,岂料那鼠惶惧之至,竟动弹不得,那猫若无其事,缓步近前,捕而食之。

文章第一段,写了有一个精通剑术的人,名叫胜轩。这个人在家里发现了一只大老鼠,白天也横行无忌。主人怎么办呢?他为了把这个老鼠赶走,把家里门窗都关上,把家里养的猫放到里面,想把老鼠抓掉。没想到这只老鼠,毫无惧色,迎面扑咬。猫呢,放声惨叫,仓皇而逃。看着这个景象,他想这还了得,家里一团糟了。那么主人,就到隔壁的邻居家,去找来几只号称比较凶悍的猫,也放在屋子里,准备把这只老鼠抓掉。没想到,这老鼠在房里毫不在意,看到这些凶悍的猫进来,不但没有跑,反而纵身扑上去撕咬。其势之猛烈,令众猫畏缩不前。那些猫看到老鼠害怕了。

主人大怒,他自己本身也是个剑术家,自己拿了把木刀,冲到房间里,他也要来对付老鼠。老鼠快速地避开了他的木刀,"竟自眼前越过",就在他的面前跳来跳去。他用木刀不断地去打那只老鼠,没想到,把家里的门、隔窗什么的都打烂了。而那只老鼠也没被打到。这只老鼠"其速度如电",有时找到机会,甚至迎面扑击这个主人,好像要咬他,弄得这个武术家大汗如注,无可奈何。

然后就叫家里的仆从想办法,仆从说:"我听说,离这里六七里远的地方,有一只猫非常凶,非常厉害,无与伦比。"主人就吩咐,快快把它借来。仆从就从外面把这只猫借来。但是这猫样子很笨,形象颇笨拙,毫无敏捷之状。主人无奈只好试一试,就把它从门缝放进去。没想到,老鼠惶恐惊吓之至,竟然动弹不得,那只猫若无其事,缓步进前,捕而食之。

这部分实际上算一个缘起,一个猫捉老鼠的故事,为下面讨论武术境界做了一个铺垫。

【原文】是夜,群猫聚于胜轩府中,将老猫奉于上座,皆跪于前,恭敬道:"吾等习艺多年,专练此道,莫说一鼠,即令鼬獭之类,亦爪到擒来,不意竟有此等强鼠,不知尊驾凭借何术轻取,望公不吝赐教,传神技于吾辈。"

老猫笑曰:"众位过谦矣,尔等诚已功底匪浅,然唯因不谙正道之理法,故遇意外而败北,老朽愿领略各位之修行并绝技。"

众猫中一强健之黑猫，上前一步曰："吾生于捕鼠世家，刻意于此道，自幼演练轻功、快功，越七尺屏风，钻弹丸孔洞，已抵炉火纯青之境，纵令昏睡之时，亦可明察秋毫，陡然跃起，虽上窜于梁上之鼠，亦无一逃生，今意外遇此强悍之辈，竟遭此败迹，实为终生大辱。"

老猫曰："汝之修炼，推崇动作，故难纠唯取目标之偏，古来教动作，须先明其道理，虽动作简便，而至理内含，后人则扬弃其理，极尽功夫，不以古训为大。敏而不实，好施小技，常功尽而事不成，极小人之功，凭浅薄之智，则为虚假之开端。此等小技薄智，反倒为害，诸君须早晚三省，好自为之。"

这一天，这些猫聚在胜轩的家里，把这只老猫奉在上座，大家非常恭敬地请教："我们都是自以为武艺高强之人，专门抓老鼠的。不要说老鼠了，就是黄鼠狼和其他大小动物，也都能够爪到擒来，没想到碰到了这么凶的一只老鼠，不知道你是凭借什么方法轻取这只老鼠的，希望你能够不要吝啬，把你的神技传授给我们。"

这只老猫就笑了，说："大家过谦了。"好像很懂礼貌。它说"尔等诚已功底匪浅"，你们呢实际上已经功底匪浅了。这是很江湖的说法，江湖上很多老师常常都这样。赢了别人，就说实际上你功夫已经很好了。这只猫也是老江湖。它说："但因为你们不了解真正的武术，所以才会意外的输掉。我呢，想先听听各位正在修行的是些什么绝技。"你看，赢了别人就可以这样讲话了。就是说，实际上你功夫是很好的，可是你可能在里面还有一些疏忽，哪里的道理还有点不对，所以才会使你意外地输给了那只老鼠。

这样子说话多客气啊。我觉得你们以后在江湖上行走，要多学这个。这个客气是必须的。江湖上那些人，尤其是老一辈的人，常常手下不留情，但嘴巴上都留情的。但是我呢，希望你们手下也留情，嘴巴上也要留情，这样我觉得才有意思，因为我们这个社会和过去不一样了。过去以武术谋生的人太多，而且江湖凶险。不要以为每个上门来请教的人，都是真的想请教你，或者以为上门来比武的人，就是想要正大光明地和你比武，不一定。过去有人来比武，甚至会先撒一些石灰在你眼睛里，再和你打。所以，要非常小心，但是你嘴巴上要客气的。因为比武在过去是生死之事，比武打死就只能算了。性命不可以开玩笑，不可能有第二次，不可能玩第二次，所以那时候的人特别小心。总的来说礼上不亏，这是非常要紧的。就是说我在台面上没有任何瑕疵，我没有撒过石灰在你脸上，我也没有说什么无礼的话，这个是非常重要的。

那老猫说："老朽先要听一听，你们是怎样练习武术的。"注意了，下面的才是正文，前面的都是序言。

有一只强健的黑猫走上一步，说："我生在了捕鼠的世家，'刻意于此道'，就是专门练习怎么抓老鼠，自幼就在练轻功、快功，能够一下子穿过七尺的屏风，弹丸那么小的孔洞，我也能穿过去，已达到炉火纯青的地步。'纵令皆睡之时，亦可明察秋毫。陡然跃起，虽上窜于梁上之鼠，亦无一逃生'。是说，就算是在我打瞌睡的时候，有一只老鼠在上面，我一下扑上去，这只老鼠也会被我抓下来，没有一个逃得掉的。今天意外地碰到'强悍之辈，竟遭此败迹，此乃终生大辱'。请问这是什么原因呢？"

大家想一想，如果有一个武术家和你说，我一跳可以跳五六米高，一窜可以窜好几米远，我可以快速地打十拳八拳，我甚至可以站在那里，五个人十个人推不动。你们觉得这个人功夫好不好？很好了，是吧？这种类型的人就跟这只猫差不多，他天天在家里练这些东西。

那么，请你听听这只老猫的评价。老猫怎么讲呢？"汝之修炼，推崇动作，故难纠唯取目标之偏。古来教动作，须先明其道理，虽动作简便，而至理内含。后人则扬弃其理，极尽功夫，不以古训为大。"

这里面说到了两层的功夫，当代武术的两个层面。第一个是说，你们现在练习的这些东西，都注重那些动作。你看，一个跺脚就能够把地板跺个洞，地板被你跺得裂开，或者，那个石头砖头被你跺成粉末。够厉害的吧，但是你想想，这个东西和实战有什么关系？你打人的时候，你跺地板跺得响，只能吓吓人，你又不是跺在人身上。这是武术要练的东西吗？你站在那里，五个人十个人推不动。谁和你推呀？真正打架的时候，谁会和你说，"你站在那里让我推推看。"推不动啊，就认输了，自己走了。有这种事吗？这有意思吗？如果有一个人上来给你一个耳光，你都招架不了，而你就只会说"你推不动我"。这个和我们要练的武术有关系吗？你在马路上碰到个流氓抢劫，你能不能对他说，你推推我看，你推不动我那你就走吧！他会推吗？这些都是自己想象出来的，想要显示自己有功夫，包括那个劈砖头、劈鹅卵石的。但是打起架来，却被人家鼻血都打出来了。我看到过太多了。说明了什么？说明他练的这个东西实际上和武术已经没有关系了。是他自己在臆想，你看我的力气多么大，我的速度多么快，我站在那里有多么稳。这些都是他臆想的功夫，而这种功夫是可以拿来表演给别人看的，但是它并没有以实践搏击为目标去训练。

比如，大家都以为站桩是为了练腰腿，练到别人推不动，是不是？绝大多数的武术家都是这样认为的。但是，拳击为什么不站桩？拳击没站桩，也不见得你这个练站桩武术的人能打得过人家拳击手啊！人家练跳绳、练跳跃，为什么能赢了你练站桩的呢？是中国人的站桩不好，还是你根本就不知道站桩是干什么的。是中国古人研究出来的这些经验都是骗人的，还是你根本就错会了古人的智慧？这个是非常重要的事情。

你看，对这个事情那只老猫是怎么说的。它说的是，后人扬弃至理。过去，我们几百年前的武术老前辈，创造了很多道理告诉我们，这些道理是怎样来的呢？都是从最原始的搏击实践中来的。我可以告诉你们，所有我们说的武术招式，什么内家外家或者很神秘的那些练法，都是武术家在实战的搏击当中研究和升华出来的。但是对这种升华出来的内容，你如果不是真正地理解，只取其形不知其义的话，倒还不如你用原始的方法去训练所得到的效果好呢。这就是现在传统武术被现代竞技看不起的一个原因。

今天我们这里肯定有很多人是练武术的。但是你们想想，包括练拳击的，练跆拳道的，练空手道的，这些人实际上都被现代的散手运动员、摔跤运动员看不起。这是什么原因呢？因为他们觉得你那些东西都没意义。不能怪人家，只怪你练的东西是真的没意义，你站在那里让五个人推不动，有意义吗？我看看也没意义，但是真的有人以此为荣，天天去练，这是一个大问题。

这就是不以古训为大。古人创造一个动作必定是有一个道理，他才创造这样一个新的运动锻炼的方法的。但是后来学功夫的人大多都把这个道理抹掉了，就只是用这个方法。你们想想是不是这样的。那么这会变成什么情况呢？就会练得"敏而不实，好施小技"。你就认为这些教你的东西，只是一种技巧。比如说桩功，你说有用吧，当然是有用的。我可能每次讲课都要说的：马步。大家知道马步是个什么步？是站在那里练两条腿推不动的那个功夫的吗？不是的。马步是练习我们坐在马上和敌人进行搏击的。打仗的时候，我能够借着马的势，随着马的势。我如果拿着一把刀，我是要借着这个马冲的势，和这个人合为一体，能够产生更大的杀伤作用，这才产生了马步。所以，你站马步，人要松。去体会天人合一的第一步人马合一。你想，你骑在马上这样颠簸的时候，你的人是随着它颠簸的，你人一定是松的。如果你是坐得死死的一个人，在那里不动的放着，马跑个十里八里，还不要把你颠死啊，是不是？所以，马步不是让你练腰腿的，而是要让你通过站着的那个简单的动作，体会到你随着马的运动产生的身体动荡的势能。

我记得王芗斋先生写过一本书，他说他站桩的时候，会常常让学生去体会前面有只老虎或有只豹，想象我怎么和它搏斗。他站桩的时候，外面看人是站着的，但是身体里面好像有动荡之势，永不停止，随风飘荡，他会让身体产生动荡之势。为什么会这样？他实际上是叫你练习随着外界波动产生的势能，你的身体随着它运动相应的那种状态，并不是让你练成五六个人推不动的那个状态。

老猫又说，这个"敏而不实，好施小技，常功尽而事不成，极小人之功，凭浅薄之智，则为虚假之开端。此等小技薄智，反倒为害。诸君须早晚三省，好自为之。"这个话骂得重不重？骂得非常重。骂的人多不多？非常多，绝大多数的武术家都被骂了。他说，你这样的练法常常会让你"功尽而事不成"。花了很多工夫，你还是不能够成就你自己想要的那个状态。

这种事情太多了，武术家在马路上碰到个小流氓，还被人打，我们也常听到过的吧？这是真实情况，不是我说武术界人的坏话，真的有很多这样的事情。

这种事情实际上都是以虚假为开端的，你练的东西和你实际要用的东西是没有什么关系的。因此你们别自以为乐，其实"反倒为害"，练拳练武术的人必须"早晚三省，好自为之"。就是不要这样做，你每天至少在练拳的时候要三省，想想这个有啥用。如果没用，先不要练。你没搞清楚这个有啥用的话，你练出来肯定也是错的。

所以说，如果没搞懂太极拳练什么，我劝你去练八段锦吧。否则，练太极拳练得和八段锦差不多，甚至和广播操也差不多，只是一套动作而已，就是难记一点，比广播操复杂，是不是？但是，你如果真正懂了太极拳，你一招一式、一蓄一发、一动一静都在体会着太极的奥秘，那你练拳才真的有意义。不然的话，你练太极拳没意义，包括练咏春也没意义。你练咏春拳并不是为了好看，你要在实战搏击中能够用得上。如果你练咏春练了三年，还打不过马路上随便一个没练过的流氓。我们称这些人叫惯打，就是打惯了而已。如果你还打不过一个惯打的，那你这个拳还练它干吗。

因此，首先，对你练的每一个项目，从老师教你马步开始，你就要搞清楚，你教我站这个东西干吗。这是要让我训练什么东西？要达到一个什么效果？你这个要弄明白。但非常可惜的是，我们练拳的人几乎都是稀里糊涂地在练，没有几个人把这个事情弄明白的。在座的各位，我相信很多人可能都已经练过很多拳，练了很多年，但是你们每一招、每一式到底都是为了什么，到底有没有用，你们想过没有？前面坐的几个是我的徒弟，当中有人本来是跟别人练，跟很出名的老师练了一段时间。后来他发现，

拳论篇

你要我这样练我就这样练，你要我那样练我就那样练。如果有人不按套路上来就打你一拳，你有什么办法吗？那个老师没有什么办法。他就觉得学这个没有什么意义，不学了。我觉得他这是聪明的表现，不是笨的表现。怕只怕有很多人一辈子都不去想这个问题，这个就很麻烦了。

要知道，武术是从对敌而来，不是从学说而来。它是建立在对敌状态上的一个武术，那么打得妙、打得巧，这是境界的高低问题，但是你至少要会打吧。你连打都不会，那和武术有啥关系？外面练太极拳的人，几乎都是不会用、不会打。前面说到的是武术的两个层面两种境界，就是刚才那一段。是哪两种境界呢？

第一种就是我们现在看到的传统武术的状态，也是大多数人练拳的一种状态。不明其理，拼命用功，认为自己是个武术家，实际上和武术没什么关系。这是一类。

第二类，实际上前面已经讲了，古人动作虽简，但至理内含。他说的这个古人是哪一类呢？就是类似于我们现代竞技的武术项目，包括散手、拳击、摔跤，他们的所有训练都是朝着一个目标。比如说，他每天去拉绳子，抖绳子。还有练摔跤的很多人，拿轮胎绑在树上，哗一下拉过来，一下一下搬，这个是他摔跤要用的动作，所以他每练一样东西都是有道理的。拳击，打沙袋，是要让自己的身体和手脚去体会着肉的感觉，所以他要去打沙袋。

现代竞技的许多练法当然有很多弊病，你到高明的阶段就会发现，这不是一个很好的方法，会给身体带来很大伤害，可以找到比它更好的方法。但是如果像很多人每天脚一跺打一拳的话，还不如人家去打沙袋。要知道你跺一脚出一拳的话，人家早就打你三拳了，你哪里还有机会？你告诉我，你干吗要跺脚？现在的电影里，打架前还要翻两个跟头，我更搞不懂打人干嘛要翻两跟斗。不知道大家有没打过架，打架是很累的。几十秒就打得脸色发白的人很多，哪里还有仗自己体力太好，先翻两个跟斗给你看看。这个是完全没有道理的事情。而现代竞技实际上就是它说的古人的那种练法。他们动作非常简单——一个组合拳，一个摆拳，一个刺拳，一腿，一肘，全部是要在实战当中用出来。他练习是为了能够一拳打倒你，而不是说你学了八十八个动作，却不知道在干吗，不知道怎么用。这里的两个境界，都不是中国传统武术的精华。下面的境界就慢慢高起来了，值得大家认真体会。

【原文】又一虎皮大猫走上前曰："我以为练术以气为贵。故专此为时久矣，现已然豁达盛强，可充天地。面临敌人，先须以气概压之，而后始攻击。闻气息，辨声响，左追右直，无不随机应变。施招用术之明，心地坦然，则招式自出。但此鼠形踪无迹，不知是为何者？"

老猫曰："汝之修炼，实为一时之气，此固可为吾等所取，却绝非至上之策。此中缘故，皆因我欲破敌，而敌亦来破我。而况胜败有时，并非皆属我强敌弱。所谓豁达至刚，可充天地，此乃气之形也。虽类孟子之浩然正气，实则不同。他为阴阳之刚健，汝为乘势之刚健，故其间作用迥异，诚若江河常流与一夜洪水之比。而况遇不屈于汝之气势之穷寇，则虽为弱鼠却可扑咬健猫，彼临绝境，无所仰伏，必忘生忘欲，以己身相拼，故其志如金刚。此种利势，汝凭一时之气，何以制服。"

这是说又一个虎皮大猫走上前来说："练武，要以气势为最珍贵，重于气势，动作是其次的。我一天到晚练这个气势，练了非常长的时间，现在练得已经豁然强盛。气势在交手过程中，可以充天地。面临敌人，先要用气概、用气势把他压着，然后再发起进攻。气势盖着对手的时候，再发出进攻，自然而然我就会用出制敌的招式来，很容易地就制服他。只要气势战胜了敌人，我招式已经不重要了，随手就可以打败对方。但这只老鼠行踪无迹，我好像没有办法，不知道这是什么原因。"

泰森就是这个境界，《叶问3》里面有甄子丹先生和泰森先生的对场戏。甄子丹表演的叶问完全不是泰森的对手，如果两个人真打的话，甄子丹可能一拳也接不下来。这就是前面那只黑猫和这只虎皮大猫的差异。泰森不是一个技术性很强的拳手，但每次交手的时候，很多人几十秒就被他打败，因为泰森练的是气势，他已经超过了绝大多数的拳击运动员。很多拳击运动员一接手，人就站着，伏下身体，看着对面的对手，非常小心防着对方。但泰森不一样，泰森人一站，《叶问3》电影中他好几次表演是，拳和拳一撞以后人就一下迎上去，迎上去以后，他是时时盖着对方在打拳。对方被他盖得还不出手来，被打了而且还被吓到了。那时他就是乱打而已。"一力降十会"，只要你真的有功夫了，你出手有力量了，对方那些苦练的招式，甚至力量，实际上都没用。

郭云深能够半步崩拳打遍天下。崩拳是非常简单的，上步一拳就是叫崩拳。难道郭云深这个崩拳动作奥妙到没有办法破解？为什么对手跑不掉，就是为气势所慑，你招架也是一拳，不招架也是一拳，这一拳足够把你打飞的。招架也飞，不招架也飞，你逃无所逃。这是因为出拳之前，你输了，而不是他出拳这个招术，你难以招架。

中国很多的武术家，用到势的不多。有些人总想在家里练出来一招，明天赢哪个人，可能一辈子也不会有太大的出息。天下没有奇招。就是假设你有三个手，和我打架的时候，你多一个手伸出来打了我一拳。但是你的这第三只手也见不得天日。只要我见过一次，第二次就不会被你打了。或者我告诉别人，他有三只手，你也打不了人了。这有意义吗？何况你又没有三只手，你能出啥奇招？所以练拳的人千万不要在这个上面动脑筋。

无论内家拳和外家拳的高手都是以这个势能产生最大的作用，骨肉只是一个配角而已，所以自古就有"一胆、二力、三功夫"之说。内家拳有些人会以为是身体里练气出来，把这个气放在对方身上，打败对方，这完全是我们对古人的一种误解，也是很多实战功夫无法突破的一个真正原因。这件事弄明白了，练少林拳的人也可以变成内家拳。动作是无内外家的。

古人说的"气"跟我们现在理解的"气"不是一回事。气有两种写法，第一种是"氣"，第二种是"炁"。"氣"下面有个米，代表人吃五谷杂粮以后产生的气血精微，会推动五脏六腑运行的那个东西，我们身体里每个人都有。这个气和修养、修行都没有关系。胃气足了，只是贪吃而已；心气足了，只是贪婪而已；肾气足了，只是贪淫而已——它只会激发出你的习气。"炁"是在无思无想的过程当中，练精化炁的炁。这个炁也就是你能够感知感受的范围，在太极里面就是无极，无极就是那个圈，圈代表太极者无极而生。这就是道家的哲学"天人合一"。如果天地不在我的感知感受的范围之内，那么天是天，地是地，你是你，我是我；如果天地人我，在我的感知感受的范围之内，就叫合一。所以，这个圈就是你感知感受的范围，觉到了，用现代语言来说，就是我们的气场。这个感知的范围就是我们先天之炁的范围，也就是儒家所讲的，浩然之气充彻于天地之间，无处不在，至刚至大的那个炁。这个炁，就是先天之炁，所以道家说过"踏元炁乎，游太虚"。这个炁，力量越大，你觉得你越轻灵，能够产生很多意想不到的功用，这是和修养有关。而且，你时时地去体会你的感知感受的范围，体会你的先天炁场的时候，这就是内家的入门之处。能够调动这个炁场的能量场的共同运动，就叫势能的运动，而不是骨肉的运动。这就是内家拳的基础。比如说，我打出一拳，再快再有力气，也就这一拳，但是如果这一拳是这些势而产生的综合力量打出去的，这个力量会大很多。

在实战中如果你的势能和对方相差很大，你就会被他震慑住，你就不知道如何抵抗。比如你在马路当中，迎面开来一辆车，有很多人就不知道怎么走，迈不开腿，实际上距离还很远。比如在铁轨上，火车一鸣笛，灯光一照，就被来势所吓，吓破了胆。又如面对一只老虎，老虎朝他吼一下，他就不会跑了，都是为势所慑，而这个气势是先天和后天都可以形成的。有很多人天生气势很足，往往是些伟人，但我们后天也可以修养。我们所修养的，就是我们的能量炁场的炁。我们会听到别人说这个人的气质不凡。什么叫气质？就是这个炁场。时间长了，使你骨肉随着这个炁的变化而产生的变化就是质的变化，就是你的气质变化。这个是长期修养而成，但有很多人不是修养而来，是由于环境逼迫而成。比如说，有很多有钱的人，他就觉得自己和别人不一样。天天在这种自恋的感觉下，他气势也很大，觉得天下都是我的，什么事钱都办得到。做官的人第一次上台讲话都是很紧张的，几年之后，天天被人前拥后戴，他慢慢觉得天下都是我的子民，气势也就不一样了，就游刃有余了。这是外面的东西衬起的气势。但是，那个势脆弱不堪一击。有些做大官的和做老板的，一旦被调查，平时的气概马上都没有了，痛哭流涕的。

练招式不如练气势，去练外家不如练内家。如果不懂内家，练练外家也不错，但是不要自己闭门造拳。

学会了势的运用，一切招式都是糟粕。如果你还迷恋于招式的话，你一定成就不高；会使用势的，算是不错的。所以过去有说，内家方入门，皆不可等闲视之，内家入门是要你学会运用势能。你真的学会运用势能了，已经比绝大多数的武术家都好。但是，这还不是最好的，有时候可能会赢、有时候可能会输。泰森用了气势，大多数的拳手都不是他的对手，但是如果有人能够和他拼上一个回合，泰森就要输了，因为那时是气势已经派不上用场了。其他技术还不如别人，所以等到拼手法、拼实力了，他反而输给人家了，发急了只能咬耳朵。你不能够保证每次都是没有势的对手和你打，对方如果也懂一点点势，你的势就不能够起到绝对的压制作用。

这篇文章的作者是个高手，是一个有着丰富实际搏斗经验的专家。因为如果不是实际搏斗的人，不会对输赢，输在哪里，赢在哪里，弄得这么明白。理论家的话，他只能说个大概，没办法洞察细微的东西。你不能够保证所有的时候都是自己的势比敌人强。我自己觉得我的气势很大，一动手我完全气势可以罩着敌人，这都是有形的东西。有形的东西，与孟子所说的浩然之气，实际上是不一样的。孟子所说的浩然之气，是通过长期修养产生的包涵阴（身体）阳（神气）的力量。就是我们的感知感受范围内随时都能够调动，无时不在的。是这样练出来，而不是自己意识思想作势做出来的，差异在哪里？我的浩然之气是阴阳和合自然的状态，是常态。随时可起用无增无减的。而我做出来的气势，是做出来一个状态，这两种气势的差异犹如江河常流之水和一夜洪水的区别。自己练出来的那个感知感受的范围，自己在运用势能的时候是不会丢失的；而做出来的那个势，被人一引就引空了，马上就泄掉了，是一波一波的，不是随时在的状态。

如果你碰到这个人，虽然比你弱，但是这个人胆气很大，你装腔作势，并不能把人家吓倒。一个很弱小的老鼠，它奋起也可以去咬一个力量很大的猫，它也可以和你拼命。当对手被逼入绝境，没有后路时，会把生死都忘掉了，这个时候他就和你拼命了。和泰森搏击，被泰森打了你可以投降，就可以不再继续打了。如果规则定以打死分输赢的话，这样很多对手一定会有勇气和泰森搏斗一下，否则就会被打死了。所以古人破釜沉舟就是要把战士的"怯"字打掉。比如一只公鸡会和老鹰去搏斗，因为它为了保护小鸡；一只猫可以和狗去搏斗，它也是为了保护小猫。当对方已经深入绝境，不得不和你拼命的时候，你所谓的装腔作势就没有一点用处了。因为你威慑不了他，你可能还被他这种拼命之势所吓到。

【原文】又一灰色老猫，从容举步上前："先生所言极是。气虽旺，但见于形迹，而形虽微彼亦可察，吾练心术之日久矣，不张声势，不为强争，身心调和，乃成一体。彼强之时，则以和相对，似凭帷幕以防砾石之击，虽有强风，亦不与其抗衡。然今日之鼠，既不屈于气势，于吾之和亦不理睬，依旧来往如神，如此行状，生平未曾得见。"

老猫又曰："汝谓之和者，乃已于心中蕴酿之和，而非自然之和也，虽可避敌之锐气，然汝略动心思，敌仍知晓，着意使心中达于和之境地，则心境不清，兼失生气，心中思念若动，自然之感若寒，则妙用皆无，若不思不为，随感而动，则无形无状，此时之和，方天下无敌也。然绝非汝等之修炼，皆为无用之物，心与术本为一体，动作之中又含至理，气乃一身之流，豁达之时，则得心应手，妙术无尽，和时，则不以力斗，虽金石亦折，但若心神微动，则皆显露于形，神态失于自然，故对手不以心服，对吾怀有敌意，纵施何等妙术，终难奏效，是须无心以应自然。"

又来了一只老猫，灰色的。前面的猫好像年龄都不够大。这只灰色的老猫，从容举步上前说："先生所言极是。气虽旺但见于行迹，而形虽微，彼可察，吾练心术之日久也，不张声势，不畏强争，生性调和，乃成一体。"意思是，气势可以练得很强盛，但气势有形对方就有机可察、可破解。我练的是心，与势有差异。我不是去故意做声势出来，不去强争，我用的不是以势去压服的方法。我是身心调和，和他合为一体。当他很凶地过来，我和他合为一体，来化解他的凶势。就像他扔石头过来，我的气场如同屏幕一样来防止这个石头。如果是强风过来，我也不与其抵抗，合上去成为一体。看今天这只老鼠，既不怯于那种气势，也对我要与他合为一体的那种感觉不理不睬，依旧往来如神，如此形状，生平未曾见。

这只灰色老猫啊，很不简单了。为什么呢？它做到了两点，第一，它是练心的，始终想着和敌人去合为一体，它不造作气势，而是去感知敌人的力量，即使敌人的力量大了，它也是去化解掉，而不是硬争。这种状态，一般的敌人对它也是毫无办法。但是，这只老鼠却不睬，它合不上去。对于这个形状，灰色老猫过去从来没碰到过，所以赢不了。

那么老猫是怎么评价的呢？它说："汝谓之和，乃已于心中蕴酿之和，而非自然之和也。虽可避敌之锐气，然汝略动心思，敌乃知晓。着意使心中达于和之境地，则心境不清，兼失生气。"这个说的非常重要，说那个合，是心中想的我要和它合为一体。一旦有了这样一个概念，那个能够感受的觉就没有了；就不是觉而相应自然地和敌人合在一起，不能随感而动。

那个能够感知感受的觉已经沾上思想而不灵敏了，感知的力量和感知的能力就已经打了折扣。这里说出了武术的最高境界，你必须要找到那个能脱离思维经验而自然感知的觉。不然还是脱不了反应的范畴。如滑雪运动或走钢丝时那个自然感知而身心相应的状态。这个纯粹之觉要在思维完全不能应付之时才能出来。而那个能随时按照觉的需要而高度相应的身体状态叫松，而不是松懈之松。松是为了配合觉的高度相应为目的而非放松之松。因为你在生死博斗啊。从这里就可以去检验自己太极拳练得对否了。

这个要求很高，现在太极圈子里，有的练成了斗牛、摔跤一类，而懂得能够跟敌人合为一体的已经很少见了。往往他们也不见得打人打得很漂亮，打一些弱的人打得蛮漂亮，但是打一些力量大、速度快的人，就不漂亮了。原因是什么？原因是他心里有一个和别人合的有为的想法，感知的灵敏度就变差了。当别人力气大速度快的时候，我们叫太极拳听劲，就听不干净了。听不干净是为什么呢？是人家的速度和力量，你已经没办法再感知，而只是在猜测，你是有意的知觉。这个有意的一刹那，已经让你失去了随敌而动、随机而相应的状态。

但是，我可以告诉大家，这也可以是一个过程。你要练太极拳，先必须知道中和之境，就是我要和敌人合为一体的这种状态。有了这个状态以后，拳论里面怎么讲？先是以心运炁，以炁运身。就是我有意地去这样做，有意地和别人合在一起。练到后来是怎么样？叫身能随心。你在别人面前一站，别人的状态你自然和他合为一体，他马上就觉得失重，马上就觉得必须要调整。他感觉没办法出拳，没办法抬腿，要调整一下。但是你只要始终在这个感知状态，他调整，你又进一步感知，他始终调整不好。所以，变成他永远没办法出手。这个状态是跳不过的，是从有为而到无为。

所以我一直说，武术里最浅层的东西就是"术"，就是说他有一招，你不会，你就挨打了，都是熟手打生手。那么深一层次就叫"功夫"，功夫是一力降十会的。功夫能使体质产生变化，他得了功夫，手"叭"放上去，你就不行了。他轻轻一拳，你所有的招式也都完蛋了。那叫功夫，不是方法。第三层次就是节奏，他可以控制你的节奏，你就没有任何赢的机会。

有个例子，一只猴子跑到村里偷东西，冲出来一条大黄狗，去咬这只猴子。猴子一把抓住了狗的耳朵，直接两个耳光，狗撒腿就跑。后来猴子再去村里偷东西，狗不管它了。为什么？狗打不过这只猴子。可是一只猴子只有三四斤重，一条大狗都有十几斤重，为什么狗对付不了猴子？其实，一般没有受过训练的人要去和一只猴子打，多数也是要输的。你刚想要弄它，眼镜被它摘下来了，头发被它拉一把，你已经七荤八素了，最后还是猴子赢。但是一个猴子三五斤重，你一脚都能踢死它，为什么你弄不过它？它比你节奏好！

我的老师董斌老师，八十七岁去世的，晚年因患癌症，卧病在床，瘦得皮包骨头，但他躺在床上和我说："任刚啊，如果现在有一个坏人进来，我照样把他打走。"这是肯定的，因为老师的节奏快，他说"坏人只一闪，他眼睛我就能抓到，然后一个耳光就上去了。"这坏人怎么经得住他的一巴掌，跑得快就算幸运。因为老师知道运动的节奏，能够体察对方运动的节奏，对方就很难是他的敌手。一个病危老人虽然相应已经很困难，但照样能用节奏击败敌手。

那么，更高明的，就是合二为一。能够合二为一，对方站在你面前，你就觉得被动非凡。这是武功的高明境界，也就是那头老猫所说的最后的境界。老猫在骂："因为心中有一个跟对手而合的念头，使得你的本来能够感知的心境就变得不清了。""兼失生气，心中思念若动，自然之感若寒。"你心中的这个念头一动，那个能够感知的力量自然就是下降了，"则妙用皆无"。识心不死，觉心不起。

跟我学习的好些徒弟，仍在进步当中，常常问我："为什么我这下不灵了，看看你怎么随便一弄就老是灵，我为什么不灵？"不灵是因为你还是有为的反应，没有到无为的相应。这是一个过程，跳也跳不过。"若能不思不为，随感而动，则无形无状，此时之和，方天下无敌也。"说得很清楚，前面那个境界是在练太极拳，后面这个境界已经是成太极拳。身能随心，这就是太极拳。

"……方天下无敌也。然绝非汝等之修炼，皆为无用之物。心与术本为一体。"很多朋友和我说："这个技巧到底重要不重要，手法到底有没有用？"手法是有用的，但是没有理之下的手法，就没有什么大用。用出来只能是玩玩而已，实际上不能大用。

我记得有一个练吴式推手的朋友。他练吴氏十三手非常纯熟，常在推手中对手一撑地他就一抄人的手"哗"一带，人就扔出来了。这是他的拿手。我觉得这个动作倒是蛮好，就叫他过来比画比画，我学着他这么一扔，他被扔在地上滚好几圈。"哎哟！"他说，"你怎么用得比我还要好这么多？"我说："我刚学你的。"道理是他练的是叫无理之术，而我是理术相配。所以当"理"能够被你全部吸收，你的"术"就会成为更好的相应手段，就越多越好，打得更加漂亮。

十三种势是可以用的。古人称太极拳叫十三势。太极八十八式，是八十八个动作，千万不要去试图用八十八个动作打人，一个动作都不能用，八十八个动作是用来练习十三种势能的工具，最后与别人动手用的是十三种势能。从上到下叫採，中空感觉接手的时候听，感觉接手叫掤，这都是十三种势能。"掤、捋、挤、按、採、挒、肘、靠、进、退、左、右、中、定"这十三种势能的运行方式，要通过八十八式慢慢去琢磨体会而成。

所以术可以用，但是术是很迷惑人的。太多的人是迷于术而失于本。外面太多练拳的人都是迷于技巧、手法，而对太极拳合而为一的体会，有几个人去下功夫？这个老猫对他们有肯定，你们的修炼绝对是有用的东西，"心与术本为一体，动作之中又含至理。气乃一身之流，豁达之时"。在拳论拳述里面有"气乃一身之流"这句话，但这话蛮害人的。实际上它是指我们练成后把身体变成先天之气的一部分。所以处处通达，没有阻碍，而不是气在你身体里面，到处是流通的状态。

到豁达之时就能"则得心应手，妙术无尽和时，则不以力斗，虽金石亦折。但若心神微动，则皆显露于形，神态失于自然，故对手不以心服。"所以能够做到无为而合的时候，就不会和人斗。别人就是拿着刀和石头，也没有办法伤害到你，而你也可以赢他。但是你如果先有一个存心的状态出来了，那么皆会有形状显露出来了。有很多人，一看对方很厉害，就想"我要封他"，想要怎样怎样。有这种想法上来，你的样子就会像是想封人家的样子。你和人接手，要完全脱离自己的想法，只是感受对方，敌人的状态才能够明显地显示在你的感知感受范围之内。你自然能形成能够对待和运行的方式，自然而出。这是太极拳要做到的。

和真正的高手动手时往往会一下失去了抵抗力。高手通过一蓄一发，对手好像一下忘了抵抗。就是因为高手在随感而动的状态下，敌方会落入一种迷茫的状态。一落入迷茫，他和你对抗的心态就没有了。只要你在对敌之前，有一个对付他的想法，他就会升起和你对待的状态，那你就要和他对付。那么如何让这个人没有这个对待呢？是你一放，他一下落入你的感知感受范围之内，他那个能够想要动的想法就落空了。我师爷说过一句话，"犹如贼入空门"。比如一个偷东西的人，在撬门的时候在想，屋子里一定有金子银子古董，等门一开，望见一个空屋，里面空空荡荡，他会一愣，这样的状态，就犹如贼入空门，顿时会失去战斗力的。

我记得有一个朋友，人很客气。他到我这里来玩的时候，我和他在推手，手一接，我也就很自然地相应一下。他有些着急了，说："我怎么觉得我不会推手，我不知道我要干什么。"为什么呢？他没有碰到过这个状态，平时他的手法一用，别人可能就是一个自然反应的抵抗，那么他后面手法就可以使出来。但如果他一摸就摸空掉了，自己就觉得立身不稳，浑身处在威胁之中。我和他合为一体，他觉得很危险，不知道自己怎么了。他说我怎么和你在一起就像一个不会推手的人。这种状态，是我们练太极拳最终所要的状态。

当然，我并没有认为我已经练好了，练到今天我才觉得我前面的路还长着呢。这也不是一句谦虚的话。我们现在这个环境，一天能花多少时间练拳？杨澄甫这些前辈，不但有家传的理论指导，而且他们有多用功，人家是脱产的，可以不要赚钱，只是去练拳，我们现在哪有这样的机会。

我相信在座的朋友当中，一定有人有这个条件，也有这个愿望。因为我还看到很多年纪不大的小朋友在听。希望你们是真的喜欢，当然不要是被你们爸妈逼来的啊，逼来的就没啥希望。如果是你们自己真的是喜欢的话，你们先要搞懂中国武术到底是什么东西，明白后就好好下功夫，能够把中国武术变成你们自己的一种功夫和文化的背景，我觉得你们一生肯定是受益无穷的。

我常常说，中国文化很多人都涉猎过、学习过，但是平心而论，中国文化对他们真正有多大帮助呢？有一次我在长江商学院给这些老板们讲课的时候，我跟他们讲："你们这些老板肯定都读过老子啊、孔子啊，或者是佛法啊，什么都读过，但是你们告诉我，读了这些东西你们有没有什么真正的变化？是不是贪婪的还是那么贪婪，好色的还是那么好色？"这是因为中国文化没用，还是大家学错了呢？如果读了中国文化以后，只是变成了饭后饭前吹牛的谈资，那有意义吗？我认为，那是他们学习方法的错误，因为他们的学习是把中国文化当知识学，而实际上中国的文化是功夫，是一个实践的过程。有了功夫以后才能够体会孔子讲什么、老子讲什么、释迦牟尼讲什么。不然的话，只是当知识理解对人也没有用，而且会增加心里的各种妄念，没什么好处。

总的来说，太极拳正是中国文化的一个非常好的实践方式。所以我希望通过练太极拳有人能够真正深入地去体验中国文化，成为中国文化的通达者。

【原文】然道之无尽，各位不可以吾之言为至极，昔日吾邻乡一猫，终日昏睡，毫无锐气，泥塑木雕一般，未有见其搏鼠者，然此猫所到之处，鼠皆无迹，易地一如既往。吾问缘由，此猫并非不答，乃不知如何作答，此为智，智者不言，言者不智，此猫忘己忘物，已达绝妙之境，既非仅凭骁勇之辈，与此君相比，吾相差远矣。

胜轩居旁闻此议论，恍惚如入梦境，乃出对老猫一揖道："吾修剑术，为时已久，尚未及此道，今宵恭听各位高论，似悟出吾道之极至，望更予深义明示。"

猫曰："否，吾为一兽，鼠乃我食，人间之事概不通晓，夫剑术并非专在胜人，乃为临大变、明生死之术，士者，须常养此心，再练此道，故明生死之理至先，其心不偏不倚，不疑不惑，不以机智思虑，心气和平无物，坦然应变，此为自在，此心稍动，则理于形外，有形状，则有敌有吾，相对而争，陷此之境，则变化妙用皆失自在，吾心坠地先死，灵明已失，岂可坦然取胜，纵取胜，亦为偶得，非剑术之本旨，所谓无物，并非冥顽，物之微蓄之时，气亦倚此处，此气微倚之时，则难以融通豁达，相对则为过，不对则为不及，过则气溢不可止，不及则气馁难为用，两者皆难拓展变异，吾之谓无物，乃不蓄不倚，无敌无我，临则随应，无迹无形。《易经》有云：'无思无为，寂然不动，感知遂通天下之故'。学剑术者，若晓此理，则道近矣。"

胜轩曰："何为无敌无我。"

猫曰："有我故有敌，无我即无敌，敌者，原本对峙之名，同阴阳水火之类，大凡有形象者，必有相对之物，吾心无形象，则相对之物亦无。唯物我两忘，坦然无事，方为和一，虽敌之形败不知，然无念凭感而动，心中坦荡，世界方为吾之世界，勿拘泥好恶，收苦乐得失之境于心中，天地虽广，亦无外求之物。古人曰：'眼界有尘三界窄，心头无埃一生宽。'盖若有尘沙入，则眼难睁开，原本无物明朗之处，进入异物，必遭此结果，心亦可譬为此。"

又曰："于千万敌众中，吾形虽同微尘，但此心仍为吾心，虽敌大，无奈我矣，孔子曰：'虽匹夫不可夺其志也'，若犹豫之时，此时反成敌之物，吾言至此为止，尔须自省自问，师仅传事、晓理耳，欲求真谛乃在自身，此为自得，亦称以心传心，又称教外别传，此非违教，自圣人心法至艺术之末，自得之所，皆为以心传心，教外别传，所谓教乃属自身难以看到之处，师仅指点令其自悟之，从师难得此，教亦易、学亦易之物，难成己之物，此曰见性，所谓开悟，乃跳出妄想之境，此亦称觉悟，两者同义。"

但是大道是无有至尽的，各位不可以认为我说的这些是最高明的境界了。曾经我邻乡中有只猫，终日昏睡，没有任何锐气，像个泥塑木雕，从来也没见他捕过老鼠。但只要此猫所在之处，完全没有老鼠踪迹。把猫换了个地方同样如此。请教原因，这猫想告诉我，但也不知道如何表达，因为这是感悟的智慧境界，是无法用思想语句所表达的。若用语言能表达清楚的，就不会是感悟的智慧境界了。此猫已经达到物我两忘的神完气足之绝妙境界，已经不是骁勇之辈可比的。和这猫相比，我还是相差很远的。

胜轩在边上听了这些议论，恍惚犹在梦境中。就出来对那老猫深施一礼，请教说："我练习剑术已经很长时间了，但完全没有企及这种境界。今晚恭听了各位的高论，好像也有些感悟到我们剑术的极致之处，希望你为我进一步明确开示。"

老猫说："我只是一个兽类，鼠是我的食物而已，你们人类的事我是不太懂的。大约知道你们剑道的最高境界已远不是战胜别人了，是种可以到天地崩而心不惊，感悟生死奥秘的方法。所以练剑之士必须要先养这个能感万物的觉，再练习剑术之道的。是要先明白关乎生死之理的觉，这个能觉万物之心元不偏不倚无对待和感知万物。一切在觉知中明了显现，没有任何疑惑。不是用机智思虑的心识，心炁平和感知万物而随之相应，这才是真正的自在境界。如识心稍动则想法就会形成一个有形的状态，就有了敌我之分，而形成对峙相争的状态。一落入这种状态，一切能自在相应变化的妙用也就完全没有了。识活神死，我这个能感而相应的心体已失，怎么才能坦然应对而取胜呢？就是胜了也是偶然的，绝对不是真正高明的剑道之旨。所谓无物的境界并非死寂冥顽之空，神识微蓄而成的空，炁就会被识所拘成形影。炁一被神识所拘，有形影就难以融通豁达了。和敌对待了就是过了，若不对待又成了不及。过了炁溢而成顶，不及气瘪而不能起用。两者皆失自在相应的能力。我说的无物是神识不做任何蓄意和对待，没有敌我。随时临机相应，没有任何有为思想的痕迹和形状。就如《易经》中所说'无思无为，寂然不动，感知遂通天下之故'。如果学剑术的人能够知道这些道理，则离道不远了。"

胜轩又问："怎样才是无敌无我？"

猫说："有我的思想观念就有了敌人的概念，所谓敌的概念也就是对峙的意思，就如说阴阳水火等对峙的概念。一般有了形象个体的状态就会有了对待分别的对象。我的觉性无形无相，则一切外物也是我觉性中的一部分，物我两忘，坦然无事这样才是真正的合而为一。对敌之时没有任何思维判断，全凭觉受相应而动。心中坦荡，此时才真所谓世界是吾之世界，没有好恶对峙，苦乐得失全成为觉性中的境界而已。天地虽广无不是觉性中之物。古人有'眼界有尘三界窄，心头无埃一生宽'之句。就是说眼里入了尘砂睁不开，好像眼中的天地也窄了。心中没有思虑杂念一生心宽。"

又说："在千万的敌人中，我的身形渺小如微尘，但无碍我的觉性含万千世界，敌人虽强大也无奈我何。这就是孔子说的'虽匹夫不可夺其志也'。如果有犹豫等思想时反而会成为敌人的猎物。我就说到这里吧，你应该自己深入反思一下这些道理。作为老师只能把这件事讲清楚，把其中道理说明白。若真正要得到真谛还必须靠自己感悟的，这叫自得，也称'以心悟心，为心心相传'，超越文字。教也只是自身不能发现的问题，由过来人老师指出，让他自己领悟而已，难以只靠老师就能得到。老师说明道理和自己明白道理都不难，而把老师的境界化为自己的境界不易，这也可以叫恢复觉性，也是悟道。这是让人恢复觉性跳出思虑妄想的境界，也可以叫觉悟。"

# 释疑篇

## 太极拳网络问答录

**问**：十六关指什么？三寸嫩芽是隐指吗？

**答**：是十六关要，不是十六关。三寸嫩芽是指通过全身挺在腰上的运动，渐渐会发现形成了一个能指挥全身的灵动的一段，位于命门之下。若真能如此，内家拳有望了。

太极十六关要：活泼于腰，灵机于顶，神通于背；气沉丹田。行之于腿，蹬之于足，运之于掌，通之于指。敛之于髓，达之于神，蹤之于膝，吸之于鼻。呼吸往来于口，凝之于耳，浑然一身，全体发之于毛。

**问**：我近日练拳，腰脊一点处旋转时有抽丝剥茧的感觉，不知对不对？练拳时要时时注意这一点，一不注意，这点想象就会找不到，刚开始是不是这样？揽雀尾由掤转捋时，腰向左转捋前有一个向右转的折叠，这个右转折叠时，应该坐实前腿还是已经坐实后腿？还有，我挺腰练拳时牙齿好像有点紧，怎么避免？朝闻道，夕死可矣！再次拜谢！

答：腰的感觉是此段腰间将全身拎空之感，时时不能丢失。练拳不论弓腿坐腿都不能坐实，腿坐实就是腰泄劲的表现。设想坐实之后能有灵动之趣吗？腰挺时应该是灵动的挺，不求挺实之挺。牙紧应是此病。

杨老先生早年的照片尚在练功阶段，非常可贵，因为一般拳家不会将尚未成功的照片资料公开，但其中的练拳痕迹反而明显。看此杨澄甫老先生照片，身形挺拔，要旨是在挺拔中渐渐松开才是功夫，决不能去尝试缩小地去松，再看杨老挺腰如沙场将军态，这些都是初练者必须注意的。

问：聚于顶怎样解释？

答：气聚于顶是一毛病，表现为下僵上满，与轻灵相反。

问："踨"之于膝是在说什么？

答：踨之于膝是在蓄势之后、放劲之时，膝在腰的指挥下的一种配合。绝不是以膝之"踨"来指挥腰之发。切记！

问：您说要用腰拎松全身，又说要落胯（杨澄甫大师的拳照就是如此），这不是矛盾么？腰如果拎松全身，应该是向上使劲，落胯应该是向下使劲，练拳中应该怎样处理？另外，我始终不明白如何挺腰，今天早上练拳，我练到搂膝坳步定式时，老师让我挺腰站住，然后从后边轻轻一推，我就倒了。老师摇摇头，说我挺腰挺得不对。说腰不应该只往前挺，后背命门处应该是向外鼓的。我实在搞不懂，到底应该如何挺腰？我为什么站定式时站不稳呢？

**答**：腰不拎是不可能松胯的。腰拎起时，胯之下松沉，才能使腰胯之间松开而不使腰受牵制而失中正。挺腰一定是先向前，待有成后再拎腰，如杨老照片。向后鼓外面说得很多，不知依据是什么，我认为是错的，并且误导了许多人。

**问**：真腰未生以前或已生之后皆须挺掌坐腕，以为用力之支点。这句如何解？

**答**：真腰未生以前，或虽真腰已生但力仍不充足之时，还不能完全靠此腰使全身通透，需要用挺掌和坐腕相助使全身松开。而当腰力已充足就必须将掌松开，若不能也是一病。

**问**：真太极先生[①]，我照您的方法已练了一个月左右，我觉得自己腰力甚足，不需挺掌坐腕也能挺松全身，可能是已经练了十几年太极的缘故吧。我现在腰脊一点处挺起，觉得命门以下甚是松垂柔软，上面胸与两臂也很

---

① 真太极先生：本书作者任刚老师的网名。

柔软通畅。推手时因为用了这一点的进退旋转，觉得劲力长了许多；另外自己一下好像高大无比，对方如功夫比我差，我拿发对方有点像大人打小孩。这些不知对不对？可我觉得自己真腰尚未生成，是不是生成之后威力更大？

文中讲的"及腰渐长，下伸及踵……于是乃以足跟代手掌而为支点矣"，我想问：（1）足跟为支点何解？（2）我现在是不是仍须挺掌坐腕，等到了能以足跟为支点时才将手掌松开，还是现在就可以松开手掌？

**答**：好像有些对了，真腰生成初在命门下一段，此时命门之下与整个腰是直的，不受胯之牵制。真腰生起当威力更大，自觉如沙场上将，对敌如入草槁之兵，甚对。若腰力已充可不挺掌，但腰力充足也甚难，望不要自己轻许。若到足跟为支点时，全身似踏于空，如郝为真大师所说"脚踏水面之境"。此时全身处处可为支点，轻灵非凡。

**问**：真太极先生，您在谈论站桩时曾说"正确的练法是站桩时先将全身劲力拉开，然后腰间命门处微微挺起，借此腰上挺劲，将全身松开，不是放松"，我想问的是：为什么要"先将全身劲力拉开"？这样做的目的是什么？如果把劲力拉开，不会导致紧张吗？你能不能谈谈如何把劲力拉开？另外，是整个腰挺全身，还是腰间一点挺全身，还是腰脊挺全身？真太极先生，由于我刚开始学拳，这个问题对我来说非常重要，麻烦您详细谈谈，谢谢！

**答**：我练的是单鞭桩，方法是这样的：两脚平行站立，与肩同宽或略宽；两腿半蹲；两臂平举与胸在同一平面，其中，左手立掌上翘，右手五指并拢成下钩状,头顶悬,收下颚。这样就形成了上拔(头顶悬,收下颚)、下坠(两腿半蹲)、两侧拉(两臂左右平举,左手立掌上翘,右手下弯钩)的状态。这就是我的师父教我的一种站桩方式。

问:这种站桩非常吃力,站了一会儿就感到用不上力了,浑身颤抖,两臂酸疼。真太极先生能不能点评一下这种站桩?劲力拉开会不会导致僵硬?如何区分劲力拉开和僵硬?我害怕站桩会越站越僵。

答:一般人练太极拳容易将松与软混淆。筋骨拉开才能使内部松开和流动,而在软的状态是不流通的,且泄软的状态不能练成知觉反应。挺腰先在命门处一截。松是在劲力拉开的状态下,使里面通透的状态,所以是绝不矛盾的。里面有不通透处,通过挺腰和拎腰使它渐渐通透。所以松是拎,松不是放松。

问:我练拳一直都有脚趾冰冷的现象,特别是在天冷的时候,练完后还是这样,不知道是什么原因?

答:你练拳时脚趾冰冷是体质寒性的缘故,身上寒气甚重,练拳时就会有此现象,有的是脚冷,有的是手冷,各有不同。你必须停食冷饮、大闸蟹等寒物。练拳量要增大,必须大汗。你的拳架腰腿还不够正,肩、胸口等处僵劲很明显。通过腰把这些僵劲拎松,使里面先有松动感,然后渐渐会完全化开。只有全身化开,方能谈整劲和周身一家。别惦记大闸蟹了,若身体寒气不除，将来必有风湿之苦。过去我们练拳时，老师就要求禁食寒物及烟酒。

**问**：真太极先生，太极拳有"沾、粘"二法。南瓜对"粘"字还有些心得：与人接手，即以腰粘住对方重心，顺彼之劲，旋转折叠中，去敌之根，要拿要发皆易事也。可我对"沾"字却不解，此字与"粘"字到底有何区别？推手中当如何应用？望先生指点为盼。

**答**：沾是引，是方法；粘是带动，是内劲。两者皆是势而非手法。

**问**：真太极先生，可以告知前辈说的腰力充沛是什么境界吗？

**答**：腰力充沛是无止境的，至少浑身无处不在腰的照顾和指挥中，且能不费力、不着意。心一动，浑身上下包括极细微处无不自然而动，即"不知手之所舞，足之所蹈"。

**问**：先生所说的"拎腰"对命门和尾闾的要求，以及"拎腰"与会阴的关系是什么？命门要稍往里凹吗？尾闾和会阴的位置怎么摆？要头顶—会阴—脚跟一线，还是头顶—尾闾—脚跟一线？或是命门也在这中线上？

**答**：拎腰只求能将全身拎松，不要管这么多，上下一线是练成真腰一段后渐渐长成的，不是能摆成的。

**问**：请教先生：什么是体质寒性？寒气怎么来的？寒性的食物包括哪些？我在上海住过几年但从没吃大闸蟹，只是喜欢喝茶，茶是寒性的吗？

**答**：体质寒热分先天和后天生活习惯形成两种。寒物主要有大闸蟹、柿子等，茶有的是寒性的。一定要练拳出汗才行，真气发动才能驱寒，其他运动不够理想。练拳早期一定要在户外进行，桩要低一点，要有运动量，功夫是不能打折的。

**问**：真太极先生，您觉得一套大架打多长时间好？南瓜现在大概练五十分钟左右。

**答**：练拳时间长短都是要自然，不要强求。早期乱比划会较快，有些意境身体跟不上会较慢，身心纯熟后会又快一些。各人境界不同，不必强求。

**问**：低拳架低到极限时对腿的要求是什么，要摆到像李雅轩先生那样？还有，站桩要站多久？

**答**：在腰能做主宰的前提下尽量要低一些。练拳的过程是强度和均匀互进的过程，当腰能将全身拎空成均匀后，再放低架子打破均匀再练均匀。李雅轩先生是从杨老先生那儿真正学到东西的几位前辈之一，一下要练到他的样子是不可能的，要渐渐而至，唯不可降低要求以求架低，也不可尖裆，一定要开胯圆裆。

我读过李雅轩先生的《太极拳随笔》和《谈太极拳》，可是李雅轩先生通篇都是在谈如何放松，特别是精神上的放松，他追求的是大松大软，好像不是对初学者谈的，而是对那些已经入门的人讲的。神气高度灵敏的状态不是紧张，这种状态很难用什么词来表达，但用大松大软不能表达。还是多看看杨澄甫老先生和李雅轩前辈的照片吧。

问：真太极先生，能不能介绍一下站桩的法门？

答：站桩和练拳一样要挺腰，开胯圆裆，拎松全身，纯熟后再在运动中锻炼不丢失就是拳架。站桩是催长功力的一种好方法。

问：请问一些站桩的问题。我现在刚开始站无极桩和混元桩，因为师傅不在身边，所以都是以外三合为标准做的。以骨架为形的基础，加上气沉丹田和真太极先生说的拎腰。我对真太极先生所说拎腰的理解是："命门为中心的脊骨架构"——通过有重心地对脊骨和周围组织的锻炼来促进督脉的功用，而配合丹田为重心，即气沉丹田，放松前半身的组织来缓和促进内脏的作用，即任脉的功用。寿关顺先生云"跨根微缩，是气沉的关键"，而真太极先生的拎腰则可以做撑骨架的关键了吧。骨架撑起来，气沉得下，肌肉就自然放松了。这是我个人的理论，看过我的照片就知道本人个子不高，但是练太极拳重要的还是理解问题，所以我的理论只是我的理解层次，纯粹是为了让各位方便来指导我，没有其他意思。理论完了，就是实践。虽然没怎么练过站桩，但站马步还是能轻松地站十几分钟的。一站桩问题也来了，我现在的桩步（以混元桩为例）重心基本上是在两脚跟，而前脚掌是虚的。但是据说站桩要做到五趾抓地，气通涌泉，颇为不解。如何才能达到"五趾抓地，气通涌泉"？

**答**：这还是腰不能做主宰的表现，当你练至脚如生在腰上时，会有人如在空中立，而两脚微踏于地。

**问**：（1）练拳或站桩过程中，如果身体的某一部位发痒怎么办？难道要停下来去挠一挠？如果不去挠，实在受不了，精神也不能集中。（2）是不是练完一趟拳后，呼吸也应该非常均匀，就像没练过拳一样？如果出现明显的喘气，是不是就表明练得有问题？（3）练拳的速度多慢多快为好？我练一趟拳开始还能挺慢的，可是到后来越练越快，好像自己也控制不了。

**答**：（1）发痒还是处理一下好。（2）练完一套拳呼吸应该更加深长，喘气应该不会。（3）练拳速度快慢按程度不同而不同，我在上面已说过，应顺其自然。

**问**："进退需有转换，往复需有折叠。"转换和折叠是不是一个意思？

我对折叠的概念比较明确，对转换的意思有些模糊，望先生解之。

**答**：转换是指进时如海浪蓄势而去，退时如浪拍岸带物而回；折叠是指来去之势不能直线，折叠旋转方能成势。

**问**：请问太极混元桩有无对肩的要求？是什么？

**答**：不好意思，我没练过混元桩，也不知其中道理。太极拳的桩功各家不同，理却一致，都无不可。

**问**：请先生讲讲"息之于鼻，呼吸往来于口"是怎么回事好吗？我知道太极拳内里的东西功夫没练到时不能凭想象乱试，只希望知道些道理；还有养神最好之方法是清心寡欲；先生还提出最好是能于晚上 11 时前睡觉，这好像与古人寅时练功最佳之说未能调和，该怎么理解？在"太极网"，我看到有网友提问关节响的问题和先生的回复，猜想先生该是少年即得真传，坚持练功基本不间断；关节响主要是里面的气不足以填、养骨间空隙，只要坚持正确练功，葆足神气，基本不会是什么问题。不知道对不对？

**答**：后天呼吸在于鼻，应该深长，但同时口要放松，因为蓄发之间鼻之息不足以吐纳必借于口，不然易结气于胸。关于关节响我实不知其中原因。

"乾三连"是说肩、腰和胯三个气圈，"坤六段"是说把这三个气圈从中间断开，好像是一种练功的假想方法，是练太极者未明太极本体之理而用的过渡方法，这对练拳的人也是一个入门的好方法，可好好练习。另外，如果能从明白儒家养浩然之气而入门会更容易，当然最好是明白佛法本意后反观太极之理，但佛法无明理之人指路极易走错。

古人寅时练拳是因为他们戌时就入睡了，哪有像现在这么晚的？现代人功夫不够这也是一个原因。

问：请问真太极先生，开胯圆裆及挺腰的动作要领？为达到先生讲的开胯圆裆（也有讲，开裆圆胯，是不是一回事？）以及挺腰，我站成这副模样：两膝连同大腿向外掰开，臀部连同腰部往前送（有点撅臀），足跟蹬地带动腰部上抬。请先生帮我纠正。

答：开胯圆裆和开裆圆胯应该是一样的吧！你形容的站桩姿势我未见，故无法纠正！

问：真太极先生能否谈谈腰的开合？

答：实际上太极拳之开合不能从某一处练起，必须全身一起开合。功夫练到细微处，浑身上下处处都开合，若无开合处必是僵劲未化，特别是腰脊。

问：照着真太极的方法，用腰撑起来，上身就像坐在腰上，但此时腰就酸痛！

答：问题有二：（1）挺腰时要有空灵之意，尽量不要挺死，多用精神少用骨肉。（2）腰酸痛是过程，有可能有老伤。若过关就是好消息。

问：我今天练拳时，有意识地松了一下肩，没想到两臂立刻就变得像液体似的松软，但是胸腹部和下肢却没有那么明显的松软感觉。请问这个现象是怎么回事？我下一步应该朝哪个方向努力？本来师父要求我练拳时要尽量把身体展开，不用去考虑身体的松紧，所以我一直没有有意识地去松身体的任何部位，但是今天松了一下，没想到感觉立刻不一样了。我到底应不应该有意识地放松？

答：这算是好消息，让这种感受练满全身就算是周身一家了。但一定要如液体状，绝不是软布一块状。

问：我理解的"吊裆"，就是肛门的肌肉向上收起。可是肛门的肌肉是很难用上力的，一旦用力上提，会造成紧张，这怎么办？

答：我不知道太极拳有这样练的。

问：请您谈谈无极桩和太极桩吧，这两个桩形式虽然简单，但是让人觉得不容易把握，好像容易走火入魔。

**答**：我练拳是从师门 24 桩入门的，并未练此二桩，不过道理应该一样。我前面也写了很多，不妨去查看一下。

**问**：我有时行拳时会感到一股虚虚的气从尾闾或涌泉升到百会，同时感到瞬时的恍惚，但不多。是否什么地方不对？

**答**：这是神气初长的情况，不要追求，慢慢长养。

**问**：您好，我打拳之后心跳加快，但并不气喘，不知道对不对！

**答**：是的！只要心跳不超过每分钟 130 下就好。

**问**：每次站桩多长时间合适？

**答**：每次站桩若高桩应该 30 分钟以上，若低桩就要到支持不住为止。每天至少 3 次。

**问**：我站低马步桩将近两个月，基本每天都做，腿部力量有所加强。但由于动作要领没有把握，所以每次站桩的姿势都在调整，每次时间仍不能超过 5 分钟，也有不同的感觉，比如腿热、腿抖、背热、头热、有时会憋气，站完会大口喘粗气。不知是正常反应还是我站桩有问题。另外，想请问真太极先生站桩时两膝应当内扣、外开，还是取自然的姿势？

答：其他的感觉都是可以的，就是憋气不对，憋气就是气在胸口，这时应该是腹式呼吸，不是屏气。

问：我站桩时感觉全身重量都压在膝盖以下的部分，双膝发僵，双脚掌压得紧紧的，有点发麻。结果第二天膝盖开始疼痛，几天都没好。这几天是站一次，膝盖疼一次。请教双腿发僵和膝盖疼痛的现象怎样克服？

答：你站桩时要穿平底布鞋，不要穿有跟之皮鞋；挺腰，两腿要挂在腰上，不要全身放松下沉，要找如踏空中的感觉。

问：站桩时，要时刻有撑裆的意识么？
答：是圆裆不是撑裆。

问：现在觅道对用腰略微有了一点体会，不知对不对，还有一些迷惑。写出来请先生指教。因为我还处于迷惑之中，有些感觉也不是很清楚，很难表达清楚自己的体会，请原谅。我感觉到腰似乎像一个转换器或类似于三通管的东西，肢体的运动是由腰这个转换器来控制的。这个控制并非像通常的拧腰、拧腿，而是控制"内动"的方向或"流向"。这个"内动"有点类似于流体，总是通过腰而达于四肢。例如，当重心由左腿移到右腿时，这个"内动"通过腰而由左腿"流"到右腿（这是简单化的描述，实际上左腿和右腿的"内动"是同时发生的，但是"通量"或"内动"的程度不同），从而促使了外动——身体重心由左腿移到右腿。而手臂的运动也是由腰的控制使"内动"通过背而达于手指。在一个动作中，身体各部分的运动同时在腰的控制下的"内动"的促动下而发生，并且连绵不断。我不知道这个"内动"是否就是人们常说的"内劲"，其"流动"的路线是否就是"劲路"？我还不清楚许多动作中这个"内动""流动"正确的路线，和怎样激发"内动"沿某些路线"流动"，只是在练拳时不断体会。如果"内动"不对或路线不对，则感到运动很牵强，不顺。请先生批评指正并给予帮助。

答：觅道先生的感觉有些对了，此腰能灵动已经脱离了脊椎的骨肉范围，以后应该体会它一呼一吸、一吞一吐能带动全身吞吐蓄发，一转一化无不是它主宰（不是流动而是主宰）。而且先不要体会内动，先体会身周神气流动，带动身体及内动，假以时日一定会练成知己的功夫。知人的功夫则必须明太极的哲学之理，并有所相应才能练得。不过知己的功夫是第一关。

问：如何是以心行气？如何是以神行气？"如张弓发动时拎住腰脊"，

这时是将腰脊往上、往后拎？还是同样往前挺、往上拎？"……如螺丝钻地而左起右落矣"，"左起"是否即逆时针旋转？"右落"是否即顺时针旋转？

答：练拳的方式就是"以心行气，务令沉着""以气运身，务令顺遂"，但这个气应是"炁"，是先天神气而非体内五谷之"氣"。以心运动神气而带动身体运动，这才是真正进入内家之门。要用心不用识。识是以思想分别为体，心是遇境直接生起。此点我认为是能否在太极上登堂入室的关键，可是不太容易懂。拎起腰脊是以腰拎起全身的状态，并非拎腰一段之意。蓄劲时顺时针转，发劲时逆时针转。


问：我经常锻炼时满头大汗，但不觉得累，是不是不正常呀？还请真太极先生指教！

答：我过去也是这样，我想没有什么关系。


问：能否谈谈练拳时丹田和腰的关系？

答：腰与丹田是主宰和宾辅的关系。有腰无丹田难得大用，丹田是化先天神气的基础，而有丹田无腰如三岁童儿舞大锤。且腰成如鼎火，是炼精化气的成因，丹田不能化为先天神气只是徒增欲漏而已。

**问**：练拳时是否意先在丹田而后在腰？

**答**：要先练腰，有腰以后丹田之气方能化神气，无腰的丹田满后则易泄，难以升华。运劲如百炼钢无坚不摧，气以直养而无害，则至大至刚，骨肉锻炼，须从松、极柔软，然后极坚刚，内外合则无坚不摧矣。腰为纛。

**问**：请问真太极先生，"气敛入骨"是否和佛家"白骨观"相若？

**答**：敛气入骨和佛家白骨观不同。敛气入骨并非真的敛在物质的骨头里，实际上就是提起精神，接劲时用心（不是脑识思想），听的状态，以求将身运化成精神的一部分。佛家白骨观是为欲重之众生而起的一方便观想法门，是断习气之良药，不是世间法可比较。

**问**：你好！看了你的帖后，深受启发。我是照影碟学的陈式老架一路，练了3年，总觉得自己缺少内在东西，可能就是神气吧。不知练陈式能按你的方法练吗？站桩应从什么桩开始好？浑圆桩行不行？每天只是早上站30分钟是否有效？不好意思，一下问了这么多，在此多谢了！

**答**：神气为主就可以说是内家拳了，实际上和练什么姿势动作没有太大的关系。所以练陈式当然可以这样练。若按我说的那样去站桩，什么桩都是可以的，不过我还是建议站中低桩。

问：真太极先生，您好！今天早上按您说的站低桩试了一下，效果非常好，口中津液多且甜，所需时间并不长。这样既解决了时间问题，又有了好的效果，我想这就是以空间换时间吧。这对我们这些上班族来说太实用了，不要说一天三次，就是四五次也可以了，因为五分钟、十分钟还是可以抽出来的。对于时间多的人站高桩就是以时间换空间。不知这样理解对不对？

答：可以！

问：蓄劲时顺时针转，发劲时逆时针转？

答：蓄劲时顺转，发劲时逆转，在腰能指挥全身后，这是必需的一个锻炼内容，实际上中间还有一个"S"调头，使蓄劲时顺转鼓荡而开，至对方落空时我劲方为蓄成。"S"调头后逆转神气相会而合，能合之劲成倍于不合之劲。功夫成后，此过程渐渐淡化，终归无形。但无形之中一样也不缺，就是至一触而发也不出此。

问：关于何时应由定步打轮转入散推，以及推手与走架如何相互印证、调整、进阶能否算个题目？

答：定步、推手绝不是打轮，掤、捋、挤、按要认真，此四处是最难保持在太极的原理下完成的。此关一过自然能应付散推。要记住，千变万化都是从规矩中化来的，不是学来的，但规矩一定要明师教，规矩一错，背道而驰。拳架所练成的习惯在推手及散手中实践，不自在处，问题必在拳架，这需要过来人常在身边指点。

问："力由脊发步随身换"，按用劲之中心言，力则自脊而发；按用劲之路线言，则自脚跟通过腰脊，至手而发出也。至于转向换步，实是随腰转动，虚足随身开合，故谓步随身换也。请问坐在椅子上就不能力由脊发吗？请问人在半空中就不能力由脊发吗？

答：力由脊发，实际上是由能指挥全身的中线，此线是借脊集气而成，成后自然能拎空全身，主宰全身。两腿是被中线（腰）拎着，不是身体放在脚上，劲是由脚升起不是从脚撑起。平时练拳千万不要坐死在腿脚上。一借地，腰就不做主宰了，但拎腰又不能将身体拎硬，要像在游泳时一样，两脚不能踏实，腰自然控制全身。就这样久而久之自然腰为主宰，人也有腾挪之意，自然步随身换。心动而身不灵，必是腰的能力未充。但腰力又绝不是腰的力量，是指腰对全身的控制力。实在太难口述，先理解试试，希望不要弄错。这个对了，就有希望了。不然练十年太极拳还不如练三年摔跤或拳击效果好！

真正内家入门，一日千里，懒懒地练也比别的方法努力地练要快，这才叫好的方法，不然内家拳好在哪里呢？刻刻留意在腰间，是因为腰是承上启下的关键，腰散了上下就不通了。蓄就是发，化就是打。蓄中有发，化中有打。劲走无形。初学者练拳走的是点和线，太深了恐难理解。打人能拔根，在实力悬殊的状态下，有很多人会表现出来，但是否和"神气一动、彼如弹丸而出"有质的区别还是量的区别？若是量的差别那你离内家拳不远了，但是如果虽能将人拔根击出，但仍很吃力，胸口若憋不畅、浑身力量不通透，那最多还是撞击劲，离内家拳亦尚远矣。我的前辈师长有一句话：太极借天不借地，借地始终艺不高。请各位细细品味。

不知大家有没有考虑过：我们为什么要拔对方的根？拔了对方的根，为我们的发劲带来了什么样的好处？拔根时，对方的根与地面又是一种什么样的关系？然后想想：你是怎样避免让对方拔根的？你被人拔根的过程中，你的根和地面是怎样的一种关系？这就是推手训练中的一部分内容。在推手的训练中，练心是重点，练形是其次。否则，两人盲目地揉来揉去的，还不如多盘盘架子。你在齐胸高的泳池里去向你的好伙伴发劲试试？再上岸去发劲试试？上岸时不走梯子，攀上岸去试试？想想为什么这么费力？而走梯子为什么这么轻松？太极拳是来源于自然和生活的，顺自然之极至。人终究是人，人与地面是断不了关联的。

实际上太极拳发人用"拔根"两字很不妥，应该是在擎。引之中对方已经落空，发放之时哪里还有根可拔？若对方未起根而要硬打，已犯顶抗之病。

问：拎腰，感到命门处明显一团，热极，可随意而动。平时一想，就有感觉。如先生言，走架的确轻灵不少。偶然一次，两腿居然没了重量，飘飘而行，吓得我够呛。幸而只此一次，呵呵。现在有个问题请教先生：我练此已八月有余，现在做这个拎腰的功课时，常常感到一股劲力自腰沿脊柱直上头顶，感觉头脑有些发蒙（但不是晕），很不舒服。是哪儿的问题？怎样解决？敬请先生指教！

答：你的情况要注意以下几点：

（1）腰是向前微挺而拎起，不是后凸；（2）拎腰只能是命门之下一段约一寸，拎至浑身轻灵状，过分反而身体变硬；（3）中气不能提上膻中穴；（4）对的感觉如人可踏于空中，身形自在，肢体如白云，心意如秋风，心动身自随。不应是头重脚轻而失控状。

问：请问真太极兄"借"如何解？

答：练拳先要体会人、我、天、地为一体的状态，这样慢慢会体会到人与万物相容而轻灵，但腾起之中自然有沉厚之意，不是先下钻再弹起的状态。这就是借天不借地的开始。

问："S"调头难说，"8"字更难说了，是吗？

答："S"调头之事，应该是练至腰为主宰、命门之下一段能擎起全身后练习神气调度的方法，可能必须口传方妥，弄不好要搞错的。且有了"S"就是有了"8"字调头，没有两种，练拳千万不要复杂化。如未到腰为主宰的地步，"S"调头只是扭腰而已，当然也可练，只是没有实质作用，仅仅熏陶而已。

问：请问，头在哪里调？

答：一般可以说是对方落空时，就是我调头处。

问：练拳以脚跟为轴是否正确？四正手应拆开单练吗？还是虽然练但规矩不同？

答：练拳必须以腰为主宰，其他都是工具而已。四正手必须按规矩合起来练，实际上掤、捋、挤、按四手是在四正之中清清楚楚的，哪像外面的打圈？真是哭笑不得！最好请一个正统的老师教一下四正手，这个还是很重要的。

问：练拳时，身体的感觉在逐渐地明显，能够感到筋骨的伸展，感觉有东西在身体中上上下下地流动，感到身体向四外膨胀和向腰脊靠拢，感觉到脚底松踩带来的劲力的缓慢上升，感到全身意气下沉到脚底后全身的松空。这些可以由意念控制和带来，可以随心意变化而变化。在桩中和拳中逐步发现和感觉自己的身体的运动，发现和感觉自己的精神和意念怎样在一点点地和身体结合在一起。虽然这种结合很笨拙、幼稚，但是，由于有了这些，打拳就跨过了单纯的肢体运动的台阶。过来人常劝，练拳不要在乎自己的气感，都是虚幻，千万不要追啊追的。我有时纳闷，练拳使我们更加敏锐地感觉到自己的身体内部的变化，那么，我们能够无视这种变化吗？我们应该怎样才对？

**答**：身体的感觉各不一样，完全不理也是不可能的，但一去追逐就会走上歧途，最好的方法是注意根本的原则，了知一切觉受都是过程，不要有稀奇感，也不要追逐体会，这样就比较好一点。

**问**："然则如何而使认识正确，则非练拳之所能为矣"，真太极先生能否谈谈如何使认识正确？

**答**：要产生正确的认识，必须先要知道什么才是真正的太极拳？正确的练习应该是怎样的？太极者，无极而生是太极拳的根本所在。练拳先练伸筋拔骨，骨肉上下一致，这样2至3年只要方法准确一定有成。此时，遇外力脚下有根，受力支点自然在腰上，不会在肩、胸口等处。到那时可以在松的状态承受极大的外力。然后开始练神气，用心运身，渐渐手脚及全身神气从心而为一体，神气君来骨肉臣，这样也要两年左右。此时就是内家拳。如用五行相生克之理来运动身体和神气就叫五行拳，用八卦相变之理就是八卦掌。

要学太极必须先明白无极的道理，先要体会物我一体的概念，这一点很难。一是必须有关于中国传统文化的底蕴，二是必须要神气充足。这样才可能体会细腻的东西，不过还必须有明师在旁指点方有希望。若能侥幸悟入，则需保护观想，使之纯熟。这时任敌再大力、再魁梧，你在心上不会产生对待之意，此时敌我一体方是无极。我在此无极中可起种种对敌之用，但不毁无极之理。此时方具运用太极的基础，此后去体会在无极中彼动时产生破坏无极的能量变化，这就是虚实，这就是太极者无极而生，动而分阴阳。在此之后再按王宗岳之《拳论》细细琢磨，自会有一番新天地。但要悟无极之理真的很难，有人穷一生亦难以入门。此和儒、释、道等哲学底蕴有关。

问：真太极先生，我是一个初学者，该如何下手？太极拳种类这么多，该练哪一种呢？您能给我一点不走弯路的忠告吗？

答：学拳起步非常重要，可以先从一些站桩开始，这些外面教的很多。形式及手脚高低是其次，要注意的关键几点如下：

1. 有许多人站桩练拳是讲全身放松，这样就永远练不出作为主宰的腰了，将来也只能练成撑劲和推劲，不能成就抛放及冷弹劲。正确的练法是站桩时先将全身劲力拉开，然后腰间命门处微微挺起，借此腰上挺劲，将全身松开（不是放松），感觉如腰拎着手脚及全身。刚开始腰力量不够，全身不能全部松开，只能部分松开，渐渐随功夫增长全身会一一松开，真正会感觉到腰为主宰。

2. 站桩练拳时要开裆圆胯，这必须在上面第一点的要求下进行，否则腰胯练死也是一种病。不开裆圆胯将来合劲难成，发人时力量会小很多。

问："一曰拔筋，二曰养气，三曰悟劲是也"，真太极先生可以说说如何练吗？

答：拔筋本来有许多基本功，通过练拳架开裆圆胯、弓腿坐腿等也会成功。养气是关键，是练拳中以心行气的功夫，是全身松开的基础，但是必须在生活有规律、有节制、睡眠充足的前提下用以心行气的功夫，每天至少花3小时的时间才能渐渐养成。关于悟劲就较难了，周身松开后，先体悟人我一体及无极之理，而能炼精化炁，能明势，再体悟太极之阴阳而渐悟懂劲。

问：拔筋有次序吗？先开哪里？谢谢！

答：先从开胯圆裆及挺腰开始。

问：养气和拔筋有关吗？不养气能拔好筋吗？麻烦真太极了，请问真太极是练什么太极拳的？

答：拔筋是练拳的基础，使骨肉之力顺，运动范围扩大，等于要存水先要造一个盆子，盆越大将来存水越多。养气是练内家拳的基础，气足化神，神气足才能运化身上僵块，渐至周身一家以心使身。我练的是杨氏太极拳，师承正规。实际上说杨氏已是多余，因为真正悟理后，练拳只是以身体演绎太极之理，下一遍和上一遍尚且不同，因为只求神气切理，不求形骸相似，你见杨家一门有何人拳架相似？哪个是杨氏？哪个又不是杨氏？我的师承是杨家，董英杰—乐奂之，董世祚—董斌—任刚。

问：根在脚，为何受力点在腰？腰只不过起传导作用，力点在腰，劲已断，哪能形于手指。谬论！

答：要懂这些是较难，所以大多数练成撑劲。你有没有听到过太极借天不借地，及水下、水中、水上三种境界？这又如何解？且腰始终是主宰而非传导也。

问："站弓剪步，人推你前胸，则腿往往能撑住（因为底面积前后大），吃力处必在腰"的结果是体委系统"太极拳运动"所谓"立身中正"带来的结果。传统的不是如此！谢谢体会一下此种非"立身中正"身法的受力点何在？

答：杨老的拳如腾空踏在自己的神气中，浩浩荡荡无人能及。练拳刚开始是刻刻留意在腰间，先在腰间骨椎上，后渐觉精神所至有一空灵且能变化指挥全身的中线，后又觉此中线可变化位置，是精神而非骨肉，就如孙禄堂老先生所说，我身上处处可做支点所以变化无穷。但这一切必须从腰练起，除此无别法。后面的境界本不该说，怕有人自己乱附会而走错路。

问：请问真太极先生"不偏不倚，忽隐忽现"何解？愿听教！

答：不偏不倚很重要。与人动手要如立身于天地之间，绝不能和敌产生顶或依靠及相互支撑的状态。即使敌人忽然消失，我依然稳立于天地之间。与敌动手时也不让，太极只化不让，若让时就有凹陷处，要始终让敌人觉得你的神气若千钧欲发，触之若无物，从而心惊胆战！忽隐忽现是说神气的变化，是说神气带动身体阴阳忽变，这要有相当内家拳基础才能表现，很难用文字表达清楚。

问：真太极，我请教你个问题，如果我悟了无极之理，我的病可以好吗？我自幼有慢性呼吸道疾病。人生病是因为什么？

答：不好意思，我只能告诉你，悟了太极无极之理对你身体有好处，但要拔病根很难。

问：请真太极先生谈谈让和化的区别。

答：这个问题很难用文字表达，本来最好是实际体会一下，现在只能勉强说说看，不知是否能表达妥当。

让是退和避的成分较多，往往神气和身体一起避让，遇到劲长快速之敌，往往被制，总之难逃在手快手慢的范围。化是敌手来时，我接其势，神气进或走，其所触处我虚以待之，使他有如扑空之感，不存在可追击的感觉，只有扑空的感觉大概就差不多了。关于是否会避得开汽车，我不知道，但练拳之人反应快一点是一定的。

**问**：真太极先生：你一开始说，练太极太容易了，想练的人找一把刀、一块磨石磨上几年不就成了？！后来又说很难，大有千万不要再练下去的感觉！所说内容多有心得是可以借鉴的，但所举一例不敢苟同啊！就是受人之推你却感到力在腰上，这是标准的体委式太极（上身与地面垂直，这是错误的）的一种错误的感觉呀！我想呀，这个力也应该是在脚底吧！你说呢？

**答**：学太极拳要懂正确的方法和目标是不难的，只要有明白人指点就一定会的，但前面的境界是无穷的。现在人爱好这么多，生活也比较无规则，要想练到前辈的境界确实是很难的。但只要练对，就能明确知道前辈的境界是可以达到的，只是自己不用功罢了，只会怪自己，不会怪太极拳骗人了。前人有句名言：大匠只能授人以规矩，而不能授人以巧。比如鲁班要教人做一把椅子，只能告诉他按怎样的方法和部序可做成一把椅子，却不可能使他的学生马上达到像他自己一样炉火纯青、变化如意。这学生可能一辈子也达不到鲁班的境界。但若规矩不对，那么连一把可坐的椅子都不会做成的。

刚开始练拳受力在腰是对的，而且是能不能练好拳的关键，请你多体会体会。我是过来人，何必骗你！

**问**：假如，太极高手面对黑人拳王，其人身又高体又重，身体和拳头直冲胸口，是否只能借势腾开呢？抑或能与其合为一太极？快慢化之于无形？双腿是否能承受如此重量？又或有人向肚皮冲拳，有人可以化之，如何化？请指教。

**答：**与人交手时，若忽受偷袭应该是先借势腾开。若对面待敌，未动之时已和无极之理，彼一动必有虚实，我接其实，其必落空，同时我之神气如电切入其虚处，骨肉一合其必跌出。我曾以此与拳击、泰拳、合气道及其他武功的人试过，可谓百试不爽。虽然他们不是有名的高手，但通过交手，对错心中毫无疑问。看你文字好像你也见过高手动武和讲解，好好珍惜。

**问：**谢谢您的指教，我对这些只是知道些皮毛，谈不上懂。我有很多问题不明白，希望先生多多提点。有人说太极拳要放松打，但拳到目的时，拳要握紧。也有人说不对，拳头自始至终都要放松，劲才能通出。有人说太极拳借力打力，双腿不需强壮大力，能够支撑自己的重量就可以了，请问这是您说的借天不借地的道理吗？如何练呢？

**答：**太极拳的刚柔相济是指神气收敛入骨为刚，骨肉通透为柔。若劲到手指，自然击人如击败絮，惊心动魄。这就叫功夫。功夫有成时手脚松沉，随手一动即如巨浪拍岸。此神气势能非骨肉可类比！真正太极拳打人是一放，绝不是从脚跟撑出的劲。总之，太极拳化人和发人全身不能有僵硬处，有即是错。

**问：**我是一名初学者，拜读了您的大作，感到受益匪浅！我学的是杨氏茂斋老架太极拳，很可能与您的拳十分接近，因为您强调"伸筋拔骨"，这与我们这套拳的要求是完全一致的。我想请教您：如何做到"气遍全身不稍滞"？怎样知道自己是否做到了这一点？另外，想请您再讲讲"伸筋拔骨"的具体含义，那些体操运动员是不是已经做到了"伸筋拔骨"？

答：若我说的对你有益，我真的很开心。所谓"气遍全身不稍滞"是以心气使身的成就，当你神气充足，每天用以心运气、以气运身的功夫时，慢慢觉得全身僵块化开，全身如一均匀体，一动无有不动时就差不多了。太极拳的伸筋拔骨和其他运动是不一样的，它要求在均匀状态下增加强度。有两种练法：（1）先练均匀。先在一个较小的架子下把全身练均匀，再把架子放大放低，然后再练均匀；（2）先选一个大架，慢慢地练均匀。

问：您让我对拳理有了更深的理解。我还想问一问，刚柔相济，劲到手指击人如击败絮，惊心动魄。我看过发人离地很高的图片，对此深信，不过自己没这功力，无法分析其道理。可否这样比较一下：不打人……

答：太极拳发人有长劲和短劲两种：发长劲时，接劲是接其全身，使其落空，发放时将其抛出，此劲可击人丈外，但反而不易受伤，就怕被打者摔伤，这种劲往往功夫相差较大时能用；发短劲时，接劲是只接其身上一点，或心或肺或肝，神气切入，嚯地杀去。被击者虽或击出不远，但极易打坏人，就是到时收劲，对方也会受伤且受很大的惊吓，此劲往往在比武或紧要关头使用，除非你收发自如。短劲要有很大的神气及观想力，并且要全身通透才能打得出。

太极劲有很大部分是能量释放，绝不是单纯冲击力。好比以电击人会把人击飞，而击木却无用。但情况也不完全是这样，可能是两者综合吧。

问：太极拳盘架中如何处理或利用身体的重力？问题虽然挺大，但因为是网上讨论所以不求系统地回答。只要真太极愿意指出可操作的一两个程序，就可让我们大家获益匪浅了。

答：先将身体练成均匀一体，腰一动浑身能相应，此时浑身重量才可调动。腰为主帅，带动全身即是。练拳中每一式皆假想有敌实战，每一接手处皆是势的支点，借此腾起而运行整个身体。

问：我想问一下如何"以心使身"，请真太极先生讲讲具体操作要领。是每一招每一式都是"以心使身"吗？

答：先要使浑身一体，初始以心指挥腰，腰带动神气，神气带动全身。慢慢渐觉全身能由中线统一指挥和带动，再后来只要心一动全身相应，就对了。任何一个细微的动作都是如此。气的东西只能感悟，无法描述。气不只是气功说的体内之气，太极拳要全身内外都化为神气，执着在内怎能全身通透？

**问**：请教真太极下面这段话如何理解？"浑身皆须荡开，不可有丝毫缩劲，蓄劲是开劲，亦不是缩劲。若有缩劲，一无是处，膝节最难荡开，一旦荡开，处处荡开。膝若撑住，肩亦不开，胸腹之间……"缩劲指形体上的蓄势还是其他？

**答**：蓄是势能的聚集，神气势能聚集，身形荡开，如大浪起势，西山悬磬。绝不是身形缩起，再弹开，而是神气的积聚和释放。这点太重要了，不能弄错。是否可以看杨澄甫老先生与人接手时的样子去体会？这个问题太好了，真懂了这点太极拳有一半上路了。可惜我无法用语言表达得更好，真是心中不安。

**问**："先将身体练成均匀一体，腰一动浑身能相应，此时浑身重量才可调动，腰为主帅，带动全身即是。"这句话的操作性不是很强。太极拳确实是整体运动，但是不是一定要强调腰在这个整体运动中的绝对地位，还可能跟具体的个人方法有关。如果硬要强调某点特别重要的话，从我的体会上讲，太极拳的灵活来源于胯，而劲力则不唯来自腰，实际感受上应该全体通透才对，如果有所执，能够感觉到自己的劲在腰，恐怕不是太符合用意不用力的要求。那用意用在腰上可不可以？我自己的经验还是觉得不要执着的好。不知对否，还请见教。

**答**：腰的作用对初学者来说是无法忽视的。当然如功夫有成，你可不去着意在腰间。练拳先要将全身的指挥权统一起来，起初是无法身心一致的。要想身体听心的话，必须要先将全身神气听腰指挥，犹如把分散在全身的游勇散兵统一训练，渐渐才可能心一动，神气身形相随。这个过程还是要的。

关于灵活源于胯是有些问题的。太极要灵动是要将全身骨肉为主的运动变成神气为主的运动，所以有灵敏于顶之说。因胯之活而产生的灵活只是身体相对灵活，不应作为太极拳和内家拳的内容。其他拳也有更好的练法。

问："此时遇外力脚下有根，受力支点自然在腰上，不会在肩、胸口等地。到那时以松的状态可承受极大的外力"，这是摘自真太极先生的一段话，我对"受力支点自然在腰上"有异议，如果有外力来时，受力点应是各关节为支点走圆……

答：这个问题是很多人都难想通的，外面也常以这个论功夫大小。但这是过去前辈能与江湖各类好手比武，而现在很多人只能推手不能打的重要原因。现在外面推手情况是，功夫小的往往一受外力，就会挺在背、肩、胸口等处，被动挨打；功夫好的，受力后自然到脚跟，甚至要求入地三尺，等等；功夫深者可受多人推撞而不倒，但此时双方劲都吃住，手不能击，足不能踢，身法更不敢有半点变化，这对技击又有何用？所以我未见杨家三辈及其他成就者有这种试功夫的记录。试问当此时若有第三者，拿一刀刺来，怎么办呢？

遇外力脚下有根的话题，本人的体会是，根本无须受力，依然是虚掉它，还给对手。吃啥给啥，拿多少还多少，干吗要受？解决问题也只是电光火石之间。松可以承受极大外力，将对手的力往自己身下松沉，甚至将对手的力量松引到地下很深处，但始终不如虚空掉，还给对手好。若有第三者拿刀刺来，亦是一样从容应对。

推手一直是本门内训练的手段，现在变成交流的方法，但从来不是散手实作。真能不受外力，已是门内功夫，而非初练阶段了。但过来人不能拆楼梯，只能修楼梯啊！

**问**：请教真太极先生："浑身皆须荡开……膝节最难荡开……"这荡开是指什么？又如何做到荡开？

**答**：荡开就是鼓荡，无论蓄发都不是骨肉简单伸缩，全身如统一体，无论动静，神气鼓荡始终不休。

**问**：如何才能做到"根本无须受力，依然是虚掉它，还给对手。吃啥给啥，拿多少还多少，干吗要受"？是否把外力当成意气，弧形返输对方？

**答**：当你觉得人腾起，已不着地，以致神气身形变化渐渐自如，自然不着力。不到此地步决不要妄求，以免变成假拳。既然叫拳，就必须过得了真刀实枪，但求意会是很危险的。所以但求按规矩练去，以求水到渠成。前人境界可作印证，不可附会。腰作为支点只是一个过程，但最终的方向是把支点练到，跟上去。若能浑身通透无着力点才对，在这之前，始终以腰为主宰，而僵块渐会从脚下脱去，若着意在脚跟，那僵块永远无法脱去。

问："后渐觉精神所至有一空灵且能变化指挥全身的中线，后又觉此中线可变化位置，是精神而非骨肉，就如孙禄堂老先生所说，我身上处处可做支点所以变化无穷"，此精神中线是指以腰为中心的垂直线吗？

答：既然已是精神团聚所至，就无所谓腰不腰了，可以任意变化位置，如海底针就可以在手上。但这一切必须从腰做起，水到渠成。

问："荡开就是鼓荡"，指的是思想意识吗？

答：先练得全身均匀，慢慢用神气鼓荡，渐渐身体也如化为神气的一部分，随心鼓荡而动。不是思想的问题。

问：您说"腰间命门处微微挺起，借此腰上挺劲"，这样做会不会导致腰部紧张僵硬呢？

答：意念是微微挺着，刚开始要吃点力，慢慢不着意也会挺着。但是必须注意腰保持空灵的意思，尽量不能僵硬。说来说去还是养气。去僵从站桩开始，伸筋拔骨从胯开始。没老师喂劲、喂感觉进步比较慢。打好基础，等待明师机缘。

**问**：精神与肉体如何合？神意先到，骨肉后到？之间有时差吗？谢谢！

**答**：若分得开才可谈合，身体越松就合得越快。到后来身体也如神气的一部分，那时几乎可以一样快。

**问**：请教真太极先生该如何"养气"？您是否指站无极桩或是练静功，比如打坐、练大小周天之类？

**答**：气有两种，古人谓之"氣"和"炁"。后天五谷之气是基础。养气最主要是要在生活正常的情况下多练拳，晚上11点左右要睡觉，要睡满8小时，清心寡欲，这些都是养气的关键。后天气足归丹田为精气，化精气为先天"炁"是要明无极之理才能得。练拳、站桩、静功，在这样状态下养先天之炁方为内家拳之入门。

**问**：练拳常易"挺"在错误的支点上，如胸、肩、膝、腹等处，拳就不会进步，必须"挺"在腰脊处。这句话是什么意思？

**答**：我的体会也不见得成熟，只想抛砖引玉吧，若说错了请不要见怪。练拳所说的腰，刚开始是微微挺在命门处的腰上一点，不是整个腰椎。渐渐精神所至就能带动全身，并会长成一线，此时已不是骨肉的东西了，你的理解是对的。但荡开不只是舒展，是指要将身体练松，使全身骨肉运动成为鼓荡运动，而非骨肉曲折搬动。劲是人人都有的，练拳的人比较一致了就大一点，平常人散乱就小一点。

问：真太极先生，今再向您请教两个问题：其一，您所说的微微挺在命门处的腰上一点，可否理解为敛臀后，腰上圆圈后面中间一点相比正常时，自然就向后有微微突出的含义？其二，本以为瞿先生解释"荡开"为"舒展"就是您所讲的了，您又解释为"全身骨肉运动成为鼓荡运动"，其中之肌肉的鼓荡还是很难理解，骨肉曲折搬动似还较易理解一些。从您原来所说的荡开到鼓荡等能否用更为白话的形式解释一下？

答：（1）挺腰与突腰正好相反，杨家练拳时从来就只有挺腰之说，不知后来的命门突出之说从何而来；（2）若身体僵块化去，就会觉得身体若一均匀体（液体或气体），到这时就比较容易理解鼓荡之意。


问："若身体僵块化去，就会觉得身体若一均匀体（液体或气体）"，请问真太极先生此均匀体为何形状？球体？

答：神气慢慢充足，身体渐觉是神气的一部分。此均匀体在动手中可以随心意变化，不一定是方是圆。


问：据真太极先生前面说的，觅道理解和体会"挺"腰时是呼、是放，"收"腰时是吸、是蓄，我不知该怎样表达，暂且用"收"代表吸和蓄时的动作。请问真太极先生，我的理解和体会是否对？

答：蓄发时腰都要微微拎着，都有微挺之意。但又要空灵地挺，不能有挺死的感觉。

问：自我感觉，近几个月，身体均匀如液体，但全身关节还开得远不到位。请问此阶段，应把练拳的重点放在哪里？需注意什么问题？谢谢！

答：恭喜你了，这是一个不错的境界，你现在只要练拳时刻刻留意在腰间，不要注意关节处，很快就会化开的，因为你有了基础。

问：请问真太极先生，陈氏太极拳是否要"裆走下弧"？

答：我没有练过陈氏太极拳，不太懂"裆走下弧"的含义，不过先生所说运动若载重之船的比喻很好。

问："化"开关节的操作是否需要用劲撑？还是保持"身体均匀如液体的状态"？"不用劲撑"，"只刻刻留意在腰间"慢慢地"化"？

答：不能用劲撑，一切做作都会使身体僵化的。

问：先生能不能详细说说如何"刻刻留意在腰间"？"以腰为轴"有横轴纵轴的区别吗？

答：腰始终是个主宰，把它当轴是错误的。主宰和轴是不同的概念。

问：请问真太极先生，我有时拎起腰时会不由自主地提气或提腹，应如何解决这个问题？

答：拎腰时如腰间被人握着带动全身，所以腹背及全身是松的，并且在腰成为主宰之前是不应该先拎腰的。

问：我刚刚开始学练太极拳不到一个月（对着光盘，跟崔仲三师傅学习108式传统杨氏太极拳），现在我对"沉肩坠肘"似乎有所领会，但是在我练了一段时间之后，肩与脖子之间连接的两块……

答：你的状态可能错了，松的概念是松开，里面是流动的，腋窝下如夹俩热馒头状，绝不能变成松懈状。懈状是软，里面不通是瘪，这点很误人的，一定要避免。

问："挺腰"为要领双脚做虚实转换时，腰部"命门穴"是否应分为左右两点？

答：挺腰就是先一点，等你命门下一段可做主宰时，腰就初步有成了。

问：初学者，买哪位师傅的著作比较适合？

答：去看看李雅轩先生的书吧！照片可多看杨澄甫老先生的。

问：我在盘架子时感觉到胸背很难松，像一块板似的。请问真太极先生，怎样才能使胸椎和脊椎松开？

答：胸口一块是很难化开的，多下功夫是必要的。多体会身体是透空的道理。

问：练太极拳能不能同时练哑铃呢？站桩的时候身上负重好不好？

答：站桩时不要负重，这样会练成闷劲。练拳不要练哑铃也是同样道理。

问：请问真太极先生，初学者站桩应当站什么桩啊，无极桩？太极桩？还是"搂膝拗步"这样的定式桩？挺腰是向前挺，还是向后凸？所谓的"挺腰"，身体在这种情况下如何保持中正啊？

答：挺腰是为了先将全身的指挥中心建立，要腰能够控制全身才是目的，若腰挺僵其他地方也不能松，就错了。注意，挺腰是为了控制全身松开，成为全身的支点和控制中心，站什么桩都可以！

挺腰是命门处一段向内而上，向后的说法是没有依据的。

练拳是否能够入门就是一个腰的问题。练腰的过程大致如下：先是挺命门成为支撑全身及外力的主宰，渐渐会在命门下产生一段（一寸左右）明显的主宰，这以后再练习用它拎松全身。要不然一开始就拎，很容易误解腰向后向上拎，那入内家拳之门也就没戏了。现在外面练错的人很多，很多太极拳练家因没有通透之劲而被其他拳种看不起，而实际上一旦入了内家拳的门就不会被人小视了，犹如狮子初生虽力未充而百兽不敢欺！如果你一朝入门就再也不会有疑惑了。若你练了五六年之后还是在迷惑中，那一定是练错了！练外家拳、跤术、拳击五六年后也有成就，更何况内家之巅的太极拳！实际上你只要见到真正的就不会再疑惑了，若还在疑惑，那是没有看到真正的太极拳。

**问**：二人顶牛或缠结，要用荡开劲将彼引开，而后顺其劲去之。荡开劲是掤、捋、挤、按中定的哪一种？

**答**：荡开是身体鼓荡而动的运动状态，不是动作，"总而言之，蓄时吸，吸则心神合，而意气开，于是手足之劲收，其劲自腕借掌（手与脚同）之力而收回，由腕而至腰；发时呼，呼则心神开而意气合，于是手足之劲放，其劲自腰借腰之力而放出，由腰而至手"，劲收而气开，这里说的是心神和意气在呼吸时的变化。心神与意气及劲正好是相反相成，若不能相反相成就难免顶、瘪、丢、抗，这个很重要，千金难换！要好好用心体会。

**问**：我现在头发胀和紧，记忆力也减退，西医和中医都看不好，所以现在抱着尝试的态度学太极，但现在站桩过程中始终没法放松精神，望先生能给一些好的建议。

答：你现在的病症是心神散乱，你可能是想得太多的缘故。现在你不要在理上去考虑，不要去体会觉受和境界。你每天先早晚两次站低马步，身体保持垂直，尽量下桩，腰微微挺起，其他地方尽量放松，开裆圆胯，要每次站到两腿酸痛不能坚持才能收桩。一日两次，一次三趟，一周就会见效。也可燃些沉香帮助自己将神安下来。

问：事情可能不是您说得那么简单，毕竟这种情况有一年多时间了，不过我会按照您说的做。我现在在站无极桩，那么是不是其他都不变，就是努力下蹲？马步是不是两脚岔开更大些？起和收桩有没有什么具体的要求？

答：你现在先不要练无极桩，因为当你下部无功夫时，所练出的气只能助长你散乱的念头。这也是单练静功容易出问题的原因。下部吃力可对你此症做快速调整。

问：明理则不惧，克己则无忧，请问何谓克己则无忧？

答：克己则无忧是儒家的修持功夫，就是消除你不应该有的念头，就能坦荡无忧。

问：可否这样理解，"神气如电切入其虚处"是指心神如电切入其虚处，而意气合……

答：神炁有成，心凝如锋。神气是在开的状态下切入的。

问：请问真太极前辈，太极的规矩是什么？

答：太极的基本过程和要求大致如下：

1. 先要通过站桩等基本功，挺腰、开裆圆胯，以此拎松全身，化去僵块，全身有一统一指挥，骨肉上下一致。这样练满2~3年，只要方法准确，一定有成！此时遇外力脚下有根，受力支点自然在腰上，不会在肩、胸口等处。到那时可以以松的状态承受极大的外力。

2. 然后要练神气，用心运气、以气运身，渐渐手脚及全身神气从心而一体，神气君来骨肉臣，这样也要两年左右。此时就是内家拳。如用五行相生克之理来运动身体和神气就叫五行拳，用八卦相变之理来运动身体及神气就是八卦掌。要学太极必须先明白无极的道理，先要体会物我一体的概念，这一点很难！首先必须要有关于中国文化的底蕴，其次必须要神气充足，这样才可能体会细腻的东西，最后还必须明师在旁指点方有希望。若然侥幸悟入，则需保护观想，使之纯熟。这时任敌再大力，再魁梧，你在心上不会产生对待之意，此时敌我一体方是无极。我在此无极中可起种种对敌之作，但不毁无极之理。此时方具运用太极的基础。此后去体会在无极中彼动时产生破坏无极的能量变化，这就是虚实，这就是太极者无极而生，动而分阴阳。在此之后再按照王宗岳之拳论细细琢磨，自会有一番新天地！但要悟无极之理真的很难，有人穷一生难以入门。此和儒、释、道等哲学底蕴有关。

3. 以上是练拳各阶段不同的规矩和方法。具体地说，每人身体状况各有不同，偏执也有不同，还要按其体质做些调整，无非是要达到上面说的那些目的。

**问**：我还是不明白何为开合状态，此开合状态是指心神还是意气的开合状态？还是肢体动作的开合状态？例如，"蓄时吸，吸则心神合，而意气开""神气是在开的状态下切入的"是指本人在开的状态？

**答**：心神、意气、劲都是指自己的状态。你先不要想这些较后面的问题，先将神气练好，自然会知道和理解这些事。

**问**：要全身有一统一指挥，骨肉上下一致，首先要松开肩胯四大节。胯节松了，丹田就像放在架子上，胯节的互扯带动丹田内转再传达梢节，此时遇外力……

**答**：练拳时实际上只要挺起腰，开胯圆裆，用中线拎松全身，肩胯自然会慢慢松开，并且有一天会感觉手忽然一下收敛到中线上，手臂受力自然不会再挺在肩胸，双手自然带动人或化解外力。又一天双腿也忽然接上了，四肢如章鱼，此时可谓不知手之所舞，足之所蹈。有意去练松肩胯可能永远也不会到此境界，因为练时各肢有所谓不肯交权的原因。

问：不知如天气好时，该练几趟拳？应如何蓄养？如何才可以做到一静无有不静？除思悟之外，还有什么常用的方法？

答：清心寡欲是最好的蓄养方法，还有不论天气如何都不要间断练拳，有事时可以少练但不能不练，因为水一直烧才会开，烧烧冷冷是不会开的。拳的悟是明理为顿，相应为渐，随着功夫渐进，由于身体对理的相应，会增加对理的深入和具体理解。

问：我练神意气有一年了，架子基本达到要求，但总觉得没有信心，怕是假拳，请问如何体证？

答：若你看到过真的太极拳，是绝对不会有疑惑的。你现在还没有信心那一定是有问题的。最好的体证是动手时完全符合前辈拳论，且威力无穷。

问：我初学赵堡太极拳，但不是门内弟子，故对练拳方法及顺序并不十分清楚。我拟了一个基础阶段（入门前阶段）的练功顺序，不知对否？如不对，请真太极老师详细说一下各步骤的训练方法好吗？谢谢！

答：你说得不是很对。练拳先应该练一些基本功，从此就必须开始以腰为主宰，浑身松开。照理说应该有些基础后才能练拳。走架是为了在动态时保持和深化这个功夫。

问：我相信神意气的威力，因为我看过。练拳时感觉是真的，但运用时却有问题，没有威力无穷。请问盘拳和神意气运用是否存在区别？请先生多介绍前辈关于动手的拳论。运用时，是否不再需要？

答：盘架是磨刀，动手是用刀，到心一动，神形皆动时方能运用。若想半天身体还跟不上就不能用。太极十年不出门应该是指这个。但东西就在前面是不会怀疑的，不是摸石块过河没有把握的。练拳时就必须观想敌在前，与动手时完全一样。若两样怎能用时神形随心？

问："练脊椎是先练拳、擎、引、松、散，节节贯穿"，请真太极老师解释一下这几个字的含义及练习方法，它们是顺序的、专门的练习而得？还是一直以腰为主宰的练习自然而得？

答：以腰为主宰渐渐练习有成，自然节节贯穿，再练擎引松放。

问：请问真太极老师您专门练习外三合吗？练习外三合应在什么阶段为好？

答：我练拳时只注意骨肉和神气相合，没有去注意其他。

问：翻看了一下您的发言，发现您反复强调开裆圆胯、挺腰对于太极初学者的重要性，甚至是必由之路。容我在此重复一下：有许多人站桩练拳是讲全身放松……

**答：** 先不要管敛臀收肛等，挺腰不是向后，是向上向前。谁有杨澄甫先生年轻时的拳架？如有请发帖上来，看了他年轻时的拳架就好说了。

**问：** 先生说练拳要注意腰上一点，《拳论》上又要求"立如平准"，说明顶头悬也很重要。那么练拳时要不要用意注意顶头悬？如注意了……

**答：** 腰没有练出来之前的头顶悬是假的，只有腰练好后，从腰长出的头顶悬才是真的。掤劲如火中虚，按劲如长江之水中满而下，捋劲如熔金欲滴，挤劲如老树之初长。具体实在用文字说不清，请见谅。

**问：** 我理解真太极先生送给我们的礼物（编者按：乐奂之先生儿子乐覃的太极8篇文章），通篇教导一个字：浑。"形似圆而无界，内含方而难寻。化中有融，让中有立。气自心发，力从意出。着意请从腰始，如坐孕新胎，初学者不可不重。形体务求规矩，水到渠成，不能强求内外。浑而运意，骨肉不离。上乘者无我，太极者无极。"我这样理解先生的教诲，从头起步，不知有无偏差，请先生赐教。目前有人称李德印等普及太极的老师为偶像派，先生有何见解？我从这类老师的教材起步，应该注意些什么？拜谢先生。

**答：** 你的理论很对，是否真实契入，我也不能帮你证实，不过有好处就行。李德印先生是杨守中的学生，虽然见过面，但未见过其练拳，情况不明不能乱说。练拳最好有明师指点，看书练成武艺是不太可信的。

**问**：我练拳五年，直到最近才自觉真正体会太极的内气、劲路。但是我有个问题冒昧地请教，我等俗人的俗事，就是练太极拳怎么处理性的问题？有没有禁欲的要求？

**答**：你有此感觉已经是练到神气和内劲了，但此事若不节制，内家功夫是难以提高的。性是人之大欲，要彻底除此习气恐非一般人可以做到。你是否可以下个决心，先拿三个月认真练拳不涉此事，以后可一月一为或二月一为。不过这要看毅力和你夫人的意见，不可勉强，不然伤了家庭的和睦关系，我就是罪人了。

**问**：真太极先生，我想问一下，我与人推手，如对方的蓄发也在腰间，我当如何听他的虚实？谢谢先生！

**答**：有了功夫后，对方的虚实不是探来的，而是如目明鉴，对方虚实凹凸等问题一目了然，唯两人神气同样细腻会难见对手之破绽，而细腻程度一有高下马上洞彻无余，这也是内家高手一交手常立判高下的原因。

**问**：请问真太极老师：（1）您是否把太极拳套路左右反过来打来补充正打的不足？（2）您是否认为注意呼吸和开合了，就有助于帮助消除杂念和入静？（3）可否说：吸气时（合）应相对注重含胸拔背，呼气时（开）应相对注重挺腰和气沉丹田？可否请您谈谈体会？

答：我没有感觉到现在的太极拳有何不足之处，我也没有资格去改拳。你只要练至神气充足，自然容易消除杂念。杂念多也是神气轻浮的表现。你练拳先练松开，其他不要多管。蓄发只是蓄发，不一定与呼吸相关。

问：真太极先生，请问练拳时要不要根据蓄发，用意引导气在经脉中的走向？

答：请千万不要引导。

问：请问如何理解身备五张弓？身如果像一张弓，又如何做到腰往前上挺？

答：我只练一张变化无穷的弓。

问：真太极先生，我打栽捶、指裆捶、金鸡独立、海底针时好像腰不大好挺啊，望指点。顺便问一下，先生文章中讲的李家拳是什么拳？

答：有腰为主宰的意思就可。李家拳是指李香远拳，也就是老式武氏拳。

# 附录

## （一）太极拳与钢琴

吕净寰

郑曼青是太极宗师杨澄甫的弟子。有一次郑曼青被逼得不得已和人过招，一接手便把对方打得飞了出去。动手前他先向旁观者声明：你们若看到我手动，我就不姓郑！

他这句话表达了太极拳的一大特点，值得从两方面进一步思考。从旁观角度，它表达了太极拳神奇的一面：他人只见到效果但全不理解过程（*有人形容太极者为"如有神助"*）；从练拳角度，"手不动"是一根本指标。练好太极拳必须把手动的本能习惯彻底练掉。无论练拳架还是推手，手都不可动。手不动并不是手停留在某一处而不动。意思是手不主动，只被意气带动：哪怕最轻微的主动动作也必使手离开气场，摆脱腰的主宰范围而变成一个单独固体，由此产生了双重条件。若在推手或搏斗中，这固体或使对方顶，引起拉扯，或被对方化而利用。搏斗中旁人看不见手动，是因为太极拳搏斗时一刹那就结束；推手和练拳架时，旁人当然看到手动，可是除非内行，不然不一定分得出手是否主动。

手只不过是人体最灵活的一部分，也是最倾向于主动做事的一部分，所以必须用心渐渐改掉它多年的习惯，就如一个特别能干的小兵，习惯不等命令就自行出击。太极拳不允许局部自作主张，这规律不限于手，牵涉到身体的每一部位，只是手最容易妄动，而别的部位相反容易滞。

滞与妄动是正负毛病，效果相等，同样使得手（或身体另一部分）凸出气场，脱离腰的指挥。对气场来说，停顿也是一种妄动。关键是手和身体各部都必须灵活，刻刻感受得到气场流动并能顺势反应。这也是太极拳所谓"松"的含义。

无论哪个太极拳要领，都不是单单从身体能练出的。太极拳的目标不是用身体去取胜，而是用意和气，但意和气必须通过身体才能对外界产生效果，所以练太极拳必须理解原理，再寻适当的锻炼方法改造习惯，使得身体每一处都符合原理。

所有艺术都是通过形象让人感受到形体的超越。对观赏者来说，艺术如魔术，因为他只得到美妙的效果但摸不着怎样产生这种效果。一般武术，出拳快踢脚准，甚至动作美妙，但还是看得出操作方式，算不上艺术。只有太极拳交手时，败者以及旁观者都经常弄得莫名其妙，全不理解过程，似乎着了魔。

武术"看不出手动"就达到了艺术境界。反过来说，艺术让人看到"手动"就总还差了一点。每一种艺术都以技巧为基础，最终成就也必须靠技巧，但关键不是技巧多少而是它的质量。外家拳练得很厉害，但永远达不到太极拳的艺术境界，因为它的技巧离不开肌肉训练，脱不了速度和力量。最好的外家拳师或拳击手如阿里当然也不仅仅用力，但总超不出"手动"的境界。

钢琴弹得好，不是把音符弹出，而是体现出曲子的精神、气韵和优美。这大家都认同，可是一般钢琴家仍然把技巧看成弹音符的功能。不幸若出于有这样的理解，练出的技巧即使以"数量"指标出众，"质量"却还是必然有不足。高明的钢琴家，如阿图尔·施纳贝尔（Artur Schnabel）、艾德温·费雪（Edwin Fischer）、阿尔弗雷德·柯尔托（Alfred Cortot），经常被人评价为乐感出色但技巧有缺。这是因为常人不理解技巧质量和数量的分别。所谓"数量"是能用机械指标测量的（音符弹出的速度、音量、准确度等），但"质量"只能各人用自己的听觉和感受力去品鉴。其实那些顶尖钢琴大师不单单乐感非凡；他们所以能体现特殊乐感是因为他们的技巧质量与众不同。大师的弹琴风格不仅来于他的性格、天才、灵感，也来自他独特的技巧。经常质量特别好反而使数量打折扣，就因为练质量时必须放弃肌肉锻炼（最终当然并不是不可能双全，但这更是少之又少）。极少数体会到技巧质量的决定性，因为自古以来西方没有适当的理念来分析弹钢琴的技巧质量。顶级大师们自己也说不清楚，所以难以传达他们独特的优势。

近一百五十年来西方有不少人研究钢琴技巧，如德国的德培（Deppe）、英国的马太（Matthay）、美国的怀特塞德（Whiteside），以及很多当代钢琴家。这些人对钢琴教学颇有贡献，但最终总不全面，因为他们都缺乏一个完整的理论基础。他们只能靠自己的感受和经验，最多参考物理学和身体解剖学或不同身体调理法如瑜伽、亚历山大方法（Alexander Method）、费尔登克莱斯方法（Feldenkrais Method）等。这些方法虽各有特点，但研究对象终归是器不是意，解决不了根本问题：怎样用身体把心里对曲子的理解和感受通过钢琴传达到弹出的声音？

用身体传达意思，岂不正是太极拳的特长？太极拳与别种武术的分别是太极拳的出发点不是身体运动而是太极原理。练太极拳就是要化去身体局部做事的习惯，使得各部变成气场的一部分，既能感受到又能配合气场的一切变动。这岂不是弹钢琴最需要的吗？太极原理和太极拳训练方法岂不恰恰是西方研究者们寻找了一百五十年的吗？

想来确实应该如此。然而钢琴和太极拳之间距离甚大，若真想用太极原理充实钢琴艺术，必须进一步说清楚怎样利用躯体。

弹钢琴过了初级阶段，有两大难题：一是音色，一是节奏。传统钢琴教学对这两个问题束手无策，至少没有完整的调整方法。大家一向把音色归于一个钢琴家的风格，因此无法解释、模仿或传授。初级学生如果弹得音色特别难听，老师可能会指出不得法处，但到了高层每个钢琴家的音色就几乎定形了，不会有明显改变，一般也没人再期望它改变。钢琴高手偶尔会对自己弹出的音色不满，花精力独自深造。据说著名大师 Horowitz 有段时间闭门进修，经常单单一个音符一遍又一遍地弹个不止，家人都怕他得了神经病。

音色是钢琴音乐最基本的一面，也是最难控制的。不少有声望的钢琴家甚至认为音色根本就不存在。这派人认为，所谓音色只不过是以不同音符音量大小加上踏板效果而产生的幻觉。他们以为从科学角度我们只能把一个琴键弹得重一点轻一点，不可能以别的方式影响钢琴发出的声音。这显然不符合我们的听觉，但他们认定只有这样才符合"科学"，所以不去进一步研究这想法是否正确。最终他们不顾自己的听觉和弹琴经验，硬去坚持音色是幻觉，实际上这只反映了他们对科学理解得不到位。他们认为一个机械性的钢琴只能接受机械性地操作，所以拒绝考虑非机械性的因素。

这些人没有尝试过太极拳神奇的一面。普通人无法想象不用力怎能把人打飞，同样无法想象不用力使一个琴键发出声。然而一个太极高手只需调整调整意念便能在对方身上产生很不同的效果，一个钢琴高手难道不能吗？

这样说并不能说服一个"科学思维"的钢琴家，所以必须作出一个物质性解释。人体从头到脚都有肌肉，但一般动作只关系到少数肌肉和筋，其余或不参与，或无意中产生一些反作用。这是因为肌肉以收缩产生作用，如果配合得理想，每一块肌肉每时每刻都做到它恰恰该做的，从不做它不该做的。这样完美的配合，拳术里就称"通透"。身体通透，气就流通，意就能充分体现出。这就是太极拳对身体的要求。

实际上身体肌肉从来不会配合得如此完美。相反，肌肉不断互相干扰，不肯协调。为什么？因为当我们把意放在一处时，别处自然就乱了套，恰恰产生了"手妄动，别处滞"的现象。不是说没有效果：我们从早到晚手脚都在做事，不是也没做出差错吗？当然，只是我们所做的一切都在"看得到手动"的层次上，都与艺术沾不到边！

一个钢琴家手指练得很灵活，弹起来似乎很流畅、很自如，但是他身上别处滞点无数，而每一个滞点都多多少少影响到他的手指和琴键的接触。他本人感觉不到，就如一般太极拳者手动了也不知道，哪处停了也不知道，直到被人打出去都还不知道。但内行或敏感者一听就知道，这音色不是他想听到的！

音色好其实全在于身体通透。通透了，弹出的声音才能传达意境，听起来才舒服，才有感应力。通透当然不是绝对的，但技术好的钢琴家就是在通透方面占优势。

懂了这道理，就是得到了开发音色的钥匙，但入门并不那么容易。太极拳入门需要好老师、适当练法、陪练对象等条件。但如果有这些条件，就能入门，不需奇才，只需时间和耐心。钢琴相对简单，因为没个活人来刻意阻挡和攻击，不过同样需要方法和指导。

我敢断言，每一个钢琴家都可以改善他的音色。不是说定能与某某大师并论，但必能明显超出他目前的音色局限。

怎样去练？每一个人情况不同，困难和进展速度也不同，但大多数人都可以使用一套符合太极原理的练习法。这里不便细述，只提醒一下：太极拳"手动"就是弹琴手指动。太极钢琴法第一练习方向就是改掉手指主动的习惯，尤其不可用肌肉去抬手指。太极拳一个基本要求是"沾粘劲"；没有练出沾粘劲，就无法和对方结成一体。弹钢琴也有"沾粘"，就是手指尖从不离琴键（要离琴键只是因为被手臂带动而不是手指自己离开）。但要记住，手指不动和沾粘劲不是想做就能做到的，必须耐心练才逐渐能做到。

弹钢琴第二大难题是节奏。西方古典音乐发展过程中演变出的一个特点，是每个曲子都建立在一个固定不变的节拍上。节拍不复杂，明显不过，人人都知道，都理解，但很多名气响的钢琴家都不懂它的深意和重要性，至少在演奏中体现不出。一般人认为节拍就是数一二三四、一二三四或一二三一二三，有谁不会？其实音乐节奏就是靠第一拍的感觉。若要感觉到第一拍，必须先感觉到前面的起拍。这也不难理解。难的是弹琴时使这感觉在音乐里体现出来。听者如果感觉不出，就会觉得音乐不完全自然，似乎透不过气来。除了行家，一般人只会感觉听得不太舒服，但无法说出原因。

起拍落到下拍确实不容易弹出，因为它是一种无形的动态，一种能量现象。它的含义很难用文字解释，只能通过身体感受。乐团指挥可用指挥棒或手来表达，就此把节奏感传达给乐团，但一个钢琴家双手已经忙不过来，怎样去做这些？有些钢琴家和乐团合演时弹得比他们独奏时好，就是因为指挥和乐团供应了他们在独奏时缺乏的节奏感。

节奏感不是个很明显的问题，处理不完美也没人怪罪，连音乐评论家也不一定能指出。然而这对高层钢琴艺术是一个极大的障碍，因为没有人能提供出任何处理方法。我认为唯一能彻底解除这个障碍的就是太极拳里的"开合"。开合不是身体开合，而是意气的开合。它是无形的，但对有形的身体却有明显的作用。体会到开合，再把开合配一曲的节拍，才能使弹出的音乐有呼吸自如的舒服感。

开合不复杂，也不难理解，但应用并不简单，没有练到一定程度是用不上的。前提也是身体必须通透，必须成气场的一部分。如果还没到"看不见手动"的境界，用起来效果不会好。用在钢琴上也要先摆脱了手指动的习惯，才可指望最佳效果。

一个钢琴家怎样应付音色和节奏这两大难题，就决定了他的成就。这两个问题解决了几分，就说明他身体通透了几分，也就是说他意气透得出几分。只有透得出的前提下才能体现他个人的才华。有些天才人物透出了六七分就要比你我都出十分效果还好。但每个人只需多透一分，就会明显上一个台阶。职业钢琴家能透出五分已经不错了。自古顶级钢琴大师也不过透出七八分，因为没有太极原理的指导，透出更多实在太难了！

接触了太极原理，对目标得到了较清楚的理念，但具体怎样去练琴呢？方法还是要求之于太极拳！

太极拳锻炼方法分基本功、拳架、推手，每一类有它的要点和特点。若想练太极钢琴法，何不利用？

1. 基本功：基本功锻炼的是身体，目的是把身体各部练得有足够能耐在动态中放松。钢琴基本功，一方面锻炼手指，通过适当的五指练习使得手指有能力放松和放弃主动；另一方面是使身体各部位产生感觉，这样自己才能渐渐对身体各部敏感，清楚某一部位在动还是不动，参入还是停顿。

2. 拳架：练拳架的特点是长期反复练一套动作。只有这样才能把这些动作从身体练到意气，从手动练到意动。也就是说，把身体本能习气练掉，使身体各部灵敏地接受意气的动力。拳架当然也有好有坏，好的也各有特点，但关键是长期练一套，从熟悉的动作里发现新体会。去学五套十套拳不但没有意义，反而误了学习。练琴也要选少数几首曲子做"拳架曲子"，练的时候不要想演奏，只把它当作研究工具，目的只是不断试验怎样使身体以及弹琴方式更加符合太极原理。也就是说，首先手指不妄动，无处不参入，尤其时时与腰保持联系。要得到这种练法的好处，必须每天练同一两首曲，练上一年以上，不练一万也至少要几千遍。我自己用的"拳架曲子"是几首肖邦练习曲。

3. 推手：推手是太极拳独有的一种练习方法。推手不是练习手法，也不是演习搏斗，推手是进一步把太极原理练上身。推手和拳架需同时练，它们互相补充，相辅相成，缺一不可。练拳架的收获，必须通过推手巩固和考验。推手中发现不足，必须练拳架调整。这两种练习方式配合得好，才能渐渐练得能保持稳定的太极状态。懂了原理，经常会较快感受到太极状态，但一和别人交手，立刻又回到原始状态，若不就此罢休，下一步不是憋就是顶，最后只能拉扯，就算胜了也没体现出太极拳的精华。所以推手不能以取胜为目标或标准，推手练的是随机应变，在各种不同情况下保持太极状态，让意气发挥它的奥妙和威力。

练拳考验是用意气克制他人，练琴考验是用意气表达曲子的内涵。太极钢琴法第三练习项目，是选一些有代表性的曲子，研究怎样利用"拳架曲子"练出的功夫去应付这些典型曲子中的特点。好比莫扎特和贝多芬每人一两首奏鸣曲，加上巴赫、舒伯特、肖邦、舒曼、勃拉姆斯等，每人一两曲。练这些曲子要求不是高效率地把曲子练到演奏水平，而是练习适应自己获得的"太极"心得。关键是不可妥协，不可寻捷径，必须使每一小节、每一音符都以太极的方式弹出。这样练比一般练需要花上好几倍的时间，但练完了这十几首典型曲子，太极钢琴法也就成了自然反应，以后无论弹什么曲子都不会失去太极状态和效果。那时才进入自己弹琴的真正水平，才能体现出自己潜在的乐感和才华，才能摆脱工匠气，弹出艺术境界。

经常有人问，A 琴弹得好还是 B 琴弹得好？我只能回答目前各有各的优点和缺点，以后怎样就不一定了。其实他们的优点并没有完全体现，缺点也不是不可排除。遗憾的是绝大多数钢琴家或学生都被技巧质量上的不足而困扰，不知怎样改善。到了音乐学院层次，老师就不再重视技巧了，就如大学教授不会去重视学生的语法用词，认为这是小学中学该学的，总不能要我重新教吧！这样一代一代下来，技巧质量过关的人只能越来越少。以前学琴还是以单传为本，一师传一徒，老师尽心传授，学生专心学习吸收。但近年来师徒关系越来越淡，有点名望就世界各地飞来飞去，到处开所谓的大师班，这里提些建议，那里指点指点。学生东学点西学点，听听唱片，把用科技修改过的录音作为指标和目标。学生也好，老师也好，大师也好，即使不想也随潮流走向商业化。这是社会趋势，但同时也反映弹琴者自己内心的一种空虚。可以以武术比喻：现代社会里没有搏斗机会，练外家拳就算能比赛得奖或上电视表演，时间一长，上了点年纪，体衰力减，如何不感空虚？有机会出国捞一把，如何不去开采？练太极拳不同，只要入了门，越练越有趣味，因为意和体、内心和外界都感到越来越相济合一。钢琴也一样。如果用太极思维改化技巧，质量有突破，琴不但会弹得更好，还弹得越来越舒服，越来越有味，因为这样弹琴就是在不断接近音乐的核心，化去自身与内心的障碍，感受无形界，接近艺术真谛。

到底 A 好还是 B 好？难说，因为两人都体现不出他们潜在的才能。如今很多钢琴家的技巧都有质量上的缺陷。这些缺陷都源于不符合自然规律，但都可用太极原理去弥补，因为太极原理就是自然规律的深层总结。技巧调整到符合自然规律，那才能论某某钢琴家到底多好，艺术能达到多高境界。我时常感慨，看到那么多人费了那么大劲去练琴，但得不到最佳效果，不是因为才华不足、努力不够，而只因为小时候学到的技巧质量较差，导致他们一辈子无法跨过这基础性的障碍。

我有一个学生，少年时当过波兰全国体操亚军，后来选择钢琴演奏为事业。她说她体操练得好是因为中途遇到了一位教练，教了她新的锻炼方法，这才使她的水平提高，所以她深深体会到锻炼方法的决定性作用，但她跟过好几个钢琴老师，没有一个给了她所需要的练琴方法，直到偶然认识了我，接触到太极原理，这才开始摆脱一些致命的不良习惯。她有缘遇到我，但也是因为她钢琴上毛病特别严重，自己明确觉得需要改进，所以肯尽心改变。一般人毛病不那么明显，经常还认为自己已经弹得很好了，所以根本不寻求技巧改进，也不认为有此可能。练外家拳的人，不是遇到太极高手，发现自己无法争锋，也不会愿意接受新的思维，更不会费心费力去学太极拳。练钢琴的人，若不明确承认自己有问题，岂能愿意重新打基础？

然而，在今天的商业社会，还是有一部分人意识到物质之外的天地，愿意不顾一切去探寻艺术真谛。我只希望这些人读了此书，对太极原理得到新的理解，对艺术得到新的启发。

吕净寰，幼年时去纽约，普利斯顿大学毕业后去德国留学，20世纪70年代在美国华盛顿大学教授比较文学，写音乐评论，20世纪80年代移民法国。1981年在台北接触到太极拳，对"不用力"概念甚感兴趣，并且想到可以用于钢琴。在巴黎认识顾梅圣老师，1991年去上海跟随他学太极拳，后来认识了董斌老师及其弟子王志祥与任刚，渐渐对太极拳有初步理解，同时也能进一步理解和分析以前不同钢琴老师的教导，包括纽约的理查德·麦克兰汉（Richard Mcclanahan）和罗伯特·赫尔普斯（Robert Helps），汉堡的罗伯特·亨利（Robert Henry），巴黎的雅克·罗浮尔（Jacques Rouvier）和马瑞安·瑞比克基（Marian Rybicki）。近十几年来一直研究如何用太极原理更新钢琴技巧，希望对自幼喜爱的钢琴艺术做出些贡献。

## （二）记当今太极拳界之正法眼

未来太极拳所肩负的使命一定是神圣的。它的意境突破了四大假合的骨肉之躯及六尘缘影的虚妄意识，引领您逐步进入那充满灵性感知力的自由之境。正如《太极拳论》中所述"人不知我，我独知人，英雄所向无敌"。太极是无限与有限之间的无声对话，是浩瀚对渺小的慈悲授记，是解脱身心生生灭灭的无上持明，它成就的不仅是勇武与降伏，更在乎的是平等、圆融与和谐。

与任刚老师结识是基于叶派太极前辈何基洪老师的因缘。2012 年夏的一天上午，随何师来到浦东自道精舍，聆听了任老师对《太极拳论》的分享，字字珠玑，且平实入理，令人茅塞顿开，叹未曾有：何为阴阳，如何体现！ 如何才是气沉丹田！氣与炁的关系……仅几个概念就完全颠覆了大家以往对太极拳的惯常认知。震撼之余更平添了一份亲切与感动，这可能就是佛家所讲的有缘！

时至今日，与任老师相识一年多的时间里，一有时间就登门请益太极神意之事，任老师良善、真诚、耐心，一语中的的演说，不仅体现出其高超的太极道技，更能让人感受到他那谦虚随和、平易近人、睿智风趣的大师风范。受益颇丰也自是毋庸置疑了！看任老师练拳，亦是一任自然，刚柔并济，就恰如他的名字；法自性流，变幻莫测，却无有定法可得。当去感受其太极放劲时又显得是那么的随心自在，被放者亦觉得非常通透和神妙！这种源自本体的浩瀚之劲绝不是时下所谓拉拉扯扯的太极拳所能体会得到的！其劲就如同我心意门拳谱中所云：灵劲上身天地翻，遇敌好似弓断弦。

任刚老师是杨式太极拳一代宗师乐奂之一脉的法脉继承者，其技艺和人品为许多太极名家所称道！他有教无类的博大情怀令诸多有缘能舍恶而修习于善，我想这就是真正太极文化的魅力吧！"要时时学习，要懂得如何学习"，这是任老师常告诫学人的话。在传统文化日渐复兴的今天，我们在传承太极技术的同时，也应该以古圣先贤留给我们的文化来不断历练自己：以学习水德而成就庄严之性德，我们要以滴水穿石的毅力，无孔不入的细致，随方就圆的安忍，普润万物的平等与慈悲来济人济事济天下，勇猛无畏！精进不殆！

任刚老师的《太极真精神》一书的问世，的确是国内外武术界一大喜事。此书对升华拳艺、启迪心智和传承文化意义远大，实乃是少善根福德因缘难得之遇；同时任老师又为浸淫香道文化研究十数载的当代沉香收藏大家，我也祈愿中华太极拳犹如这千年奇楠，香气悠远，荡气回肠，令人妄情渐断，凡心不起，从而赋人类生活以美妙，生命以平等！此书之问世概而言之，标月之指绝相超宗可令学人心开意解，举手投足随心而动，留待有缘细心品味。

王小鹏

癸巳年冬于同济

王小鹏，副教授，同济大学武术老师，同济龙文国学社指导，澳大利亚中国传统武术积健社名誉会长。国际太极剑冠军、形意拳亚军。

1970年出生，祖籍河南永诚，五岁随父母迁居安徽砀山（中国十大武术之乡之一），自幼随地方上名老中医的外祖父习练剑术。

1977年被选拔入少体校武术队训练。后随刘公允田之子刘新芳习练查拳门拳械。刘公曾任安徽省体工队第一任武术总教练。

1989年考入上海体育学院武术系学习。曾随上海回族武术家李尊思老师学习了查拳门头趟老拳、罗汉铲、心意双节棍等拳术，后又随武术名家马孝芳学习了查拳门的大长手。

1993年毕业后于同济大学任教，又有幸得遇上海杨式太极拳名家傅钟文先生悉心指导。

2001年初，经马孝芳老师引荐于心意门名家白恒祥先生处幸列门墙。

2008年，由上海武术院引荐有幸认识了叶大密先生的入室高足金仁霖先生（字慰苍）并拜师求艺。

2012年夏，由同门前辈太极名家何基洪先生引荐缘遇任刚先生，得感太极神妙！其与心意拳最上乘此二者实乃同出而异名！

2013年，作为专家之一被马云、李连杰创办的"太极禅"邀请进行拳架的创编工作。2014年应邀参加"书院文化暨南怀瑾教育思想研讨会"。

1993年至今，在同济大学一直从事本科生、研究生、国际交流学院留学生及女子学院的武术教学工作，积极倡导文武并重、禅武归一的教育理念，并创办了同济大学禅武课堂。

主要专业著述：《动静结合阴阳相生——武术与古典园林》《上海市部分高校武术教学中的若干问题与建议》《武术文化在高校素质教育中的作用》《古典思想与现代建筑景观设计》《浅谈武术的仿生学价值与启示——以心意六合拳为例》《中国剑艺与行书书法》《高校留学生武术修身课程的现状分析和策略研究》等。

## （三）太极拳的光明大道

钟鹰扬

从幼时学习武术起，迄今已过去二十多个春秋岁月了。多年来学习和研究过众多拳术，如少林拳、南拳、咏春拳、截拳道、菲律宾魔杖、陈氏太极、杨氏太极拳等，都执着地钻研其中真正实用的技击，而对花拳绣腿的表演招式甚是不屑。

回想起来这真是一段漫长而又喜忧参半的学习和实践旅程，而贯穿其中、始终未曾间断的却是对武术真谛孜孜不倦的追求。

幼时在香港外婆的家中喜爱弄枪舞棒的我，少年时为和父母团聚赴德国读书，虽身处异国，对武术的痴迷和学习仍未间断。其时参加全欧洲少林流空手道比赛时曾获得亚军，还经常与同门或其他门派的习武者实战切磋交流，分享、提升各自的拳术水平。之后不久在德国获得咏春拳的教练资质，更是经常和师兄们被派去培训警察和军人。这些经历为我积累了宝贵丰富的习武经验和自信心，但总觉得不满意，离自己心目中真正的武术还相距甚远。那时候我经常往来德国和香港寻师学武，但是非常迷茫，突破不了瓶颈，感到无路可走。为了化解心中的疑虑，我参阅大量的文化书籍，之后隐隐发现，学武不仅是简单的拳脚功夫的训练，更要深入武学的哲学背景，了解它招式后面的真正内涵，直至到达那个无时不在的状态，而这样破茧化蝶的功夫须得有明师的指导才能领略一二啊！

于是我告诉自己，静待时机吧！

2003年时我下定决心来到中国大陆，进入上海中医药大学开始为期五年的中医学习生涯，课余的时间我继续在网上查找信息，希望能找到梦寐以求的武学明师。也曾经奔赴内地跟几位老师傅学习太极拳，他们的品德、功夫都非常的好，但我始终觉得与我心目中的梦想相距甚远。

命运的转折直到2006年冬天！

那个冬天，通过朋友偶然的介绍，我在上海认识了任刚老师。他给我的第一眼感觉很儒雅，非常正气，有内家拳师的涵养气度。但是年少的我血气方刚，加之对太极拳的偏颇认识，所以很是怀疑，还带着挑战的态度，交谈之中，他所说的话语都被我不时无知地反驳。到后来，任老师讲到发劲时，也不知是不是为了给我点厉害看看，随手在我胸口放了一下按劲，那一刻，我顿觉此劲入里透内，一种惊心动魄的感觉即刻笼罩全身，而这种感受竟然是从未体会过的！惊愕之余，我暗暗思索，难道这就是我苦苦寻觅的明师吗？

之后有幸经任老师的同意，我开始跟随他认真学习，越学越觉得老师太极拳术的高深。一段时间后我慢慢明白为什么太极拳是内家拳，它是如何运用神气，如何与对方融为一体的……任刚老师教我们的太极拳不仅是外在的动作招式，而且始终是要体现真正的太极状态。在此过程中我陆续看了很多杨氏太极拳的老拳谱和前辈们留下的文章，忽然都能看懂了，而且知道可以通过身体表现出来，这让我的信心增加许多。我开始领略如何养浩然之气，如何利用势能练出化劲和发劲，如何将身体均匀通透。我的身体一步步发生变化，肌肉和骨骼开始为了这样的均匀活动做出了调整，颇有脱胎换骨之感，而我在化劲和发劲中越来越自如。

除了拳艺之外，任刚老师做人的品德也让我非常钦佩。在跟随他学习太极拳的七年当中我很少见他发脾气，情绪始终稳定而又乐观积极。当朋友和学生有困难的时候，他都非常乐意无私帮助。我相信这个就是功夫！任老师已把太极融入他的人生各个方面了。这让我深深意识到，太极拳不只是一门拳术那么简单，它亦是一门哲学，是可以让我们领会到生命真谛的哲学！

这不就是我一直在寻找的东西吗？我太幸运，终于找到了！

钟鹰扬，上海自道精舍武术总教练。自小习武，曾系统学习空手道、少林拳、菲律宾魔杖、咏春拳和太极拳术。12岁从香港负笈欧洲，仍念兹在兹。旅德期间，获全欧洲少林流空手道比赛亚军，并获咏春拳教练资格，有缘结识南公怀瑾先生，并遵南公嘱，回大陆学习中医，成为执业中医师。又遍访大陆名师，后有幸拜入杨氏太极拳传人任刚先生门下，终于体会到太极拳的"醍醐"之味。

## （四）拜师贴

**拜师任刚，不负师望**

农历戊戌岁八月二十七

阳历二〇一八年十月六日

于此大吉之日，末学终得以拜入家师任刚先生门下，从此亦师亦父。弟子定立身不忘师恩，行道不违教诲，敬同门手足情深，尊师门祖训大义为本。

回望细数，与恩师相识已有三载，昨日之提携点拨历历在目，依依难忘。

始初，幸得恩师释法，于内家拳理几语道破，末学当即犹如醍醐灌顶。

后几经试手，只觉家师神气浩瀚，犹如滔天巨浪，连绵不断，其云龙风虎之相，惊心动魄，余在势下，动弹不得。

末学某日刹那顿悟，此大先生所显定是余几经苦寻之真妙武功。当即念想拜入门下，但未能免俗于凡夫之心，恐自身资质愚钝。前后往复忐忑于世俗之念，况自古收徒一事，皆须考核，观德行，知品格，了技艺，此事应稍待更佳。

后，余往返于沪苏，三年似一日，每每于恩师之雍荷堂练拳，乐此不疲，技艺切磋，如琢如磨。

末学早年得艺之形意拳虽百般好，但于心中之太极期盼始终不落，故日日梦绕雍荷堂。光阴流逝，岁月蹉跎，太极拳技艺日渐提高之际，形意拳之技艺亦有长进。

去年丁酉，天狗食月，于恩师在南京出席沉香展览活动之闲暇，余将恩师接至镇江，得恩师朝夕调教，终得内家拳真髓，一了出手无手、处处是手之真意。后得恩师默许，终得师生关系相认。

时迁戊戌五月，恩师携友游至宜兴，余有幸伴游之际，遵恩师之嘱，抄诵《妙法莲华经》，历经茫然，终得心静。涕感恩师苦心，于是不负师望，后又历数月，终得《法华经》抄诵完整，更得内心平静，挂碍渐逝，于恩师平日之教诲亦更是了然。

余庆幸拜至恩师门下，叹笔墨难尽末学心中万千，于太极拳，余定刻苦钻研，不负恩师期望。

戊戌八月二十七
宋伟居士手书

宋伟，江苏省镇江市人。镇江市武术协会副主席、镇江形意拳协会会长。幼时酷爱武术，得高人引荐拜入河北深州国家级形意拳非遗传承人张玉林门下，修习形意拳。后有幸在上海识得任刚先生，经过任先生数年考察，终拜入任刚先生门下。

# （五）对中国传统武术的一些反思

网络上疯传的武术约斗迎来了大家对传统武术的思考和冲击，甚至也对整个传统文化形成了很大的冲击。这也促使大家对传统武术和文化进行一次深入思考。

中国武术的各种门派都是实战格斗者在实际运用中总结了一些打击技巧和扭摔方式进行的强化训练术。所创者因为经验各不相同而形成各门各派，无非是研究打击效率和力量、硬度、速度。说实在话，传统武术在这方面的训练方法和系统已经远远不如现代综合格斗训练。现在格斗在一定规则下的力量、速度、技巧的训练效率远不是传统石担、石锁、大杆可以比的。传统武术的实用性落后是脱离实战和与时俱进的结果；同样是传统武术的巴西柔术世家格雷西家族有个研究所，每年在实战经验中要求总结一个新的方法或改良一种旧的技术作为研究课题，使现代搏击根本不敢小视巴西柔术而屈膝求教，这些都是我们应该学习的尚武精神。我也认识一些真正的武术家为了实战研究，不论古今中外的格斗技术都去体验研究，不断完善自己，一根鞭杆会遍中外高手无三合对手，更有多少现代格斗专家上门请教，这说明中国传统格斗术与时并进而产生的光芒。只是这样真正掌握传统武术的精髓者少之又少。他们的成就早已脱离了力量、速度的范围。这才是中华传统武术的生命力所在。那些崇尚力量、速度的运动是有极限的，而且对人的身心都是极其有害的。我们终究是同一种动物，相差有限，若硬要把头羊训练成一头牛，那这羊也离死不远了。泰拳手多40几岁寿命就是证明。

那传统武术失去了这些力量、速度、技巧的练习优势后，有没有更好的而现在格斗还没涉及的优势呢？有啊。但这也正是被现代传统武术所忘怀了的所谓内家拳，就拿太极拳来讲，拿太极这个哲学背景指导下的格斗术叫太极拳，当然用它指导养生叫太极养生，用它指导文化实践就叫太极文化了。那么又有多少人是用太极文化来指导实战格斗呢？现在练太极拳者有两条歧路，第一类是根本不相信不用力量可以战胜敌手，以致弄不过别人总认为力量技巧不够，太极拳只是个幌子，私下拼命练习力量。但是这样一个业余力量练习者怎么可能胜过专业练力量的人哪？于是遇到摔跤手就完蛋了，或者自己也成个摔跤手和擒拿手，若遇个拳击和散手的更不知如何应付。这难道就是杨露禅以此成杨无敌的太极吗？两人扭作一团的丑态难道和"一羽不能加，蝇虫不能落"的太极拳有关系吗？

第二类是知道不能用力量但不知道用什么，以致连有力气的门外汉都对付不了，成为只能和老头老太去游戏的太极操了。

先贤们在道儒两家天人合一、浩然正气的背景下感悟到万物产生作用的本质最主要的是势，而非物质本身。刀可以伤人固然有刀锋利的因素，但运刀之势才是主因。只要势能足够，一根筷子足以杀人，飞花摘叶皆可伤人（理论上）这才是太极十三势创拳的根本，八十八式和陈氏杨氏等都是练习这十三种势能的工具和方法而已。明白了练势这个主题，中国文化和传统搏击才能真正升华，才能明白流氓打架时为什么最厉害的并非力气和个子大的，而是魄力最大的。为什么乱拳打死老师傅？又为什么泰森并不是击打力量最大和技术最好的拳手却一度所向无敌？古人说：一胆二力三功夫。胆就是势，力就是实力，功夫只是技巧方法而已。若能用势那力量和技巧方法都无关紧要了。知道了这些才明白站桩是为了体会人马合一之势；拳架只是为练习在运动中保持势的运动，推手、散手都是练习在压力下如何还能做到审时度势不用力量对抗，这一切都能统一在这个势的目标上。若还在研究力量和技巧，则离先贤创拳本意渐远，远不如直接练拳击、摔跤、格斗有效。太极拳是要我们成为用势的高手而不是用力的高手。不但拳是这样，世间万般学问都是这样。若能成为势能的布局高手，一切实力和技巧都无关紧要了。这也是中国文化的魅力所在。